绘出生命的彩虹

基于有生命力教育的生涯规划实践探索

段 红 编著

天津社会科学院出版社

图书在版编目（CIP）数据

绘出生命的彩虹：基于有生命力教育的生涯规划实践探索 / 段红编著 . -- 天津：天津社会科学院出版社，2021.5

ISBN 978-7-5563-0724-1

Ⅰ . ①绘… Ⅱ . ①段… Ⅲ . ①中学教育－教学研究 Ⅳ . ① G632.0

中国版本图书馆 CIP 数据核字 (2021) 第 072214 号

绘出生命的彩虹:基于有生命力教育的生涯规划实践探索
HUICHU SHENGMING DE CAIHONG:JIYU YOUSHENGMINGLI JIAOYU
DE SHENGYA GUIHUA SHIJIAN TANSUO

出版发行：天津社会科学院出版社
地　　址：天津市南开区迎水道7号
邮　　编：300191
电话/传真：（022）23360165（总编室）
　　　　　　（022）23075303（发行科）
网　　址：www.tass-tj.org.cn
印　　刷：高教社（天津）印务有限公司

开　　本：787×1092 毫米　　1/16
印　　张：14.5
字　　数：200 千字
版　　次：2021 年 5 月第 1 版　　2021 年 5 月第 1 次印刷
定　　价：68.00 元

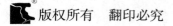

绘出生命的彩虹

作者工作照

作者与民进中央副主席朱永新合影

作者与教育部党组成员、副部长郑福芝合影

建校35周年全校教职工合影

讲思政课

讲党史课

学校行政团队

北京四中学访交流

绘出生命的
彩虹

教工元旦联欢

教科研成果表彰大会

教师活动

塘沽十三中学部分教师合影

绘出生命的彩虹

打造活力课堂

高效课堂交流展示研讨会

自主合作高效课堂

自主开发校本课程
《塘沽史话》进课堂

绘出生命的 **彩虹**

塘沽十三中学教学楼

塘沽十三中学操场

校园雕塑

魅丽校园

《天津教育》对学校进行报道

《中国教育学刊》对学校进行报道

《语言文字报》
对学校进行报道

媒体关注学校《塘沽史话》

  段红校长的新作《绘出生命的彩虹——基于有生命力教育的生涯规划实践探索》是历经数载，基于天津市滨海新区塘沽第十三中学的生动实践，系统总结该校学生生涯教育的经验之作，可谓源于实践，成于实践。新书即将付梓之际，遵天津市教委闫国梁主任之嘱，认真拜读之余，偶有所感，是为之记。

  坚持立德树人方向，培养德智体美劳全面发展的社会主义建设者和接班人，推进中华民族的伟大复兴，是新时代中国教育的宏旨。社会主义的建设者和接班人必是实现全面发展的时代新人，此亦新时代教育的至高追求。目标和方向的确定，势必要求育人方式的相应变革。迄自党的十八大以来，教育改革深度推进，举措频频。在基础教育阶段，推行生涯教育逐渐引起学校和社会的极大关注。

  生涯教育于我国发轫虽不为久，但其推行不可谓不速。近年来，因应教育改革的要求，教育部从加强学生发展指导的全局出发，立足于理论和实践需求，将生涯教育纳入教育新时代教育改革的组合拳之中，从课程、教材、师资等方面入手，在育人方式、考试招生、教育评价等领域系统谋划，推出一系列的重大举措。加强了对学生生涯规划等方面指导，健全了生涯教育指导机制；推进了职业生涯发展教育相关学科建设，构建职业生涯发展教育体系；整合各方资源，努力搭建学校、家庭、社会协同指导机制。在教育部的顶层设计下，包括天津在内的各地区、各学段、各学校的高中学段的学生生涯教育之所以有其重要实践价值，在于普通高中阶段为学生迈入成年之重要阶段，乃其世界观、人生观、价值观形成之关键时期，对人的终身发展至关重要。通过高中阶段的生涯教育，培养学生把小我融入大我，融入中华民族伟大复兴的职业理想；帮助学生正确处理好个人兴趣特长、职业发展与国家和社会需求之间的关系，提高未来个人职业发展方向的自主选择能力；引导学生逐步确立职业生涯规划，树立起稳定可预期的职业目标，都将毫无疑义地具有重大的意义。

　　致力于做有生命力的教育，是段红校长领导的塘沽第十三中学始终不渝贯彻的教育理念。应时代之变，破现实难题，将生涯教育寓于有生命力教育的核心价值追求，是塘沽第十三中学近年来的探索。在国家教育方针的指引下，高中学段教育要促进学生适应社会生活、适应未来职业，奠定每个学生的全面发展。深刻体悟新时代的育人需求，塘沽十三中立足自身办学特色，博采众长并深耕细作，充分发挥全体师生的积极性和主动性，积极开展丰富多彩、富有特色的教育教学实践探索，通过构建生涯规划课程体系和教育管理体系，促进有生命力教育的有效实施。本书从学校生涯教育实践研究与探索的现实意义、理论政策依据、课程体系等方面，展现了塘沽十三中在进行有生命力的生涯教育上的艰辛与努力。既有实践成功的收获与喜悦，也有实践探索的艰难和困惑，更有实践发展的憧憬与展望。

　　理论的伟力在于能践行，塘沽十三中的生涯教育实践发轫于教育科研，业有所成，必将为同行所乐见，冀其探索不止，践行无涯。

金永伟

（作者系天津市教育科学研究院院长）

有生命力教育引领学生未来

　　高中时期是学生个性形成、自主发展的关键阶段，也是学生选择未来人生发展道路的关键时期。高中教育对学生全面健康成长发展、对提高国民素质和培养创新人才、服务于国家的经济社会发展具有特殊意义。高中生正处在青春期的发展阶段，在这一发展阶段，获得"自我同一性"是高中生最重要的发展任务。自我同一性反映了个体对过去危机经验和现在思维方式以及未来自我投入的整合程度，它是包含有个体的过去经验、现在的内部品质和能力、未来的社会和个人期望的一个复杂融合体。在高中阶段，自我同一性的形成状态对个体各阶段发展有重要影响。此时，一个目标明确的生涯发展规划是高中生实践自我概念与自我价值、统整其过去与未来所有心理层面的重要工具。爱利克·埃里克森（Erik H Erikson）认为，生涯发展是青少年自我认同发展历程中重要的发展任务之一。在高中阶段重视生涯规划及生涯发展，让学生形成初步的生涯自我概念和较为明确的生涯发展目标，对高中生今后生涯阶段性发展具有深远意义。

《教育部关于全面深化课程改革 落实立德树人根本任务的意见》和《天津市深化考试招生制度改革的实施方案》中指出，建立普通高中生发展指导制度，加强对学生理想、心理、学业、生涯和生活等方面的指导，培育学生发展核心素养，促进学生全面发展、健康成长。2017年《天津市普通高中生发展指导实施意见》要求高中校要加强学生的生涯指导，指导学生树立生涯意识，了解相关知识，不断提高生涯规划能力，为未来的学习、工作和终身发展做准备。

根据格林豪斯（Greenhaus）的职业生涯发展阶段理论，高中生处于职业生涯的准备阶段，其主要任务是认识、探索职业生涯。高中生涯规划课程应服务于这一任务，自觉培养学生生涯规划的意识，并锻炼学生规划生涯的基本能力，具体而言有以下几点：一是了解个人发展与生涯规划的关系及其重要性；二是认识自我、了解社会与职业、掌握获取职业信息的方法；三是制定出短期的个人发展目标，规划行动方案；四是培养积极、主动的生涯态度与信念，培养生涯规划的自主责任意识；五是统合生涯发展资源，整合信息完成生涯评估；六是运用生涯决策方法确立生涯目标，落实生涯行动。

高中生涯规划课程应着重以学生能力的培养为核心。学生规划自己人生的能力，不仅对其生涯规划有着重要作用，同时也能迁移到其文化课学习上来，提高学习的主动性、自觉性。更关键的是，当学生掌握了这些技能，能够真正规划自己人生生涯，为自己的人生负责时，其自我认同感会大大提高，甚至其生活信念也会改善，更是对学校德育工作的良好补充。

职业生涯规划是指个人和组织相结合，在对一个人职业生涯的主客观条件进行测试、分析、总结、研究的基础上，对自己的兴趣、爱好、能力、特长、经历及不足等各方面进行综合分析与权衡，结合时代特点，根据自己的职业倾向，确定其最佳的职业奋斗目标，并为实现这一奋斗目标做出行之有效的安排。从这一定义可以看出，生涯规划课的内容主要应包含以下三个方面：一是即认知自我：从各层面深入了解自我，包括性格、兴趣、能力、价值观以及自身潜能等方面；二是探索世界：对于世界的认识，尤其是职业世界，包括大学、专业、职业的信息收集和深入了解等；三是整合信息：通过相关决策技能，将对自我的了解与世界的认识结合，做出初步的生涯规划，并掌握实现该规划的相关能力。

高中生涯规划课的综合性决定了在评价方式上，必须做到过程性评价和结果性评价相结合、定量评价和定性评价相结合，真正使课程评价服务于课程价值增值的目的，促进学生的健康成长发展，促进教学改进、学习增效、课程完善。过程性评价主要包括在课程进行过程中及时进行问卷调查，收集反馈情况，将学生的核心困惑和需求糅进课堂教学侧重点中，并及时记录课堂气氛。结果性评价主要包括在课程结束阶段再次进行问卷调查，同时辅以学生访谈、课程满意度调查等，便于改进课程和进行一对一的跟进个别辅导。

天津市滨海新区塘沽第十三中学在多年办学实践中，全面贯彻党的教育方针，认真落实立德树人根本任务，立足学校实际，树立"内涵发展，优质发展，特色发展，跨越发展"的工作目标，努力做好有生命力的教育，办出高质量、有特色的高中教育。学校在多年的发展历程中，始终将学校视为教师和学生共生共长的场所，始终坚持学校工作要以"依靠人、为了人、服务人"为基本出发点，形成了"以人为本，师生共进，做有生命力教育"的核心价值观。学校在这一价值观的引领下，通过科学的管理，创新的发展，凝聚师生人心，焕发出全体师生的生命活力，实现师生的共同成长，让教师拥有幸福感，让学生具有成就感，让师生都有主人翁的责任感，把学校的各项工作活动作为生命力教育的支撑要素，统领到有生命力教育的核心价值理念上来。学校通过教育活动、机制构建、课程设置、课堂改革、教学探索等途径，使寓有生命力教育于学校管理之中、寓有生命力教育于队伍建设之中、寓有生命力教育于素质教育全过程之中，真正落实、落细有生命力的教育。

新一轮的教育改革把促进学生健康成长成才作为改革的出发点和落脚点，增加了学生的选择权，促进了社会的科学选才，在实现学生共同成长基础上将有差异、个性化的发展，作为高中新课改的重要价值取向和改革目标。面对新课程改革，学校视其为进一步提升学校发展质量、发展品质的重要契机，努力将新课改理念与学校办学特色有机融合，以全面提升学生的综合素质，真正实现学生在共同基础上的有差异、个性化的发展，全面提高教育教学质量，更加彰显学校特色、学校文化，提高学校的办学品质，促进学校整体的发展。

在新课程改革过程中，学校立足有生命力教育的办学特色，充分发挥全体师生的积极性和主动性，积极开展丰富多彩、富有特色的教育教学实践探索，通过构建生涯规划课程体系和教育管理体系，促进有生命力教育的有效实施。探索实践中以课题研究为抓手，深入推进学校课程改革实验工作，用课题研究的方式，引领带动学校教育教学工作的全面提升。

《绘出生命的彩虹——基于有生命力教育的生涯规划实践探索》一书共有八章，引言部分提出有生命力教育的特色和办学之路。对有生命力教育的生涯规划实践提出一个总的看法与总结。有生命力教育的生涯实践研究具有非常重要的理论和现实意义，因此，第一章从办学、课程改革、学生发展、学校的实际以及有生命力教育研究的意义等方面，全方位阐释了进行该项研究的合理性与必要性。有生命力的生涯规划实践教育是有坚厚的研究依据的。第二章给出了理论依据，政策依据以及现实的学校情况，为有生命力的生涯教育提供了坚实的理论基础。第三章提出了有生命力教育的生涯规划实践课的研究概念和研究内容。并在接下来的第四章和第五章中，完善了生涯教育课程体系构建以及生涯发展指导的实施步骤。学生学业发展和生涯规划指导依托于《学生学业指导手册》《心理与生涯规划教师手册》《学生生涯发展成长手册》《学生发展指导手册》，在进行有生命力教育的同时，规划探索实践中不免存在着一些探究。第七章从理念、课程、教学以及升学等方面，提出了在黑暗中进行摸索的历程，展现了学校在进行有生命力的生涯教育的同时所做出的艰辛与努力。第八章总结有生命力教育的生涯规划的研究效果，展现出了此项研究的卓越意义，在尾声部分为有生命力教育的生涯规划提出了发展与展望。

本书以滨海新区塘沽第十三中学有生命力的生涯教育为主线，逻辑思维清晰连贯。从进行职业生涯教育研究的必要性、可行性，到如何开展、该怎样进行探索，到最后研究所产生的成果。这是对学校工作的总结，也是对未来进行相关教育研究的借鉴。塘沽十三中在进行有生命力的职业生涯教育方面走在前列，为今后的深入研究实践发展提供了良好的范本。

生涯规划教育始终在路上，需要我们不断探索出更多行之有效的方式，推动高中学校建立健全学生生涯规划教育的工作机制。如今，在学校上下、内外的艰苦努力和密切配合下，塘沽十三中已经初步实现了新课程改革的目标，即追求师生共同进步，共同成长，通过完善教育管理活动、新课程设置、课堂教学改革、新教学方式探索、机制构建等途径，实施有生命力教育，进一步彰显学校的办学特色，形成鲜明的学校文化；构建生涯规划课程体系，通过开设系列课程及有效实施，帮助高中生了解未来的需求，正确认识自己，树立目标，激发潜能，掌握方法，提升能力，选择发展方向，为今后人生发展奠定了坚实基础。立足有生命力教育的办学特色，构建实施的生涯规划教育，不仅拓展、丰富了学校生命力教育的内涵，而且也构建形成了具有学校特色的生涯教育课程体系，探索出行之有效的生涯规划教育模式，推动生涯规划教育的深化特色发展，推动了学校向更高、更新的目标大跨步迈进。

段　红

（作者系天津市滨海新区塘沽第十三中学校长）

2020年8月

绪　论
做有生命力教育

学校特色是在其办学实践中形成的教育理念、培养目标、教育管理、课程内容、师资建设和学校文化、环境等多方面综合的稳定的办学风格和特征。学校特色不仅反映了学校办学特有的整体风貌，而且彰显出学校独特的办学质量和优质的办学成果。滨海新区塘沽十三中学（以下简称"塘沽十三中"）在科学的办学理念指导下，坚持从本校实际出发，经过多年深入的教育实践探索，逐渐形成具有独特办学魅力、办学价值的做有生命力的教育，实现了有强大教育张力的学校办学特色。

一、走有生命力教育的特色办学之路

2017年天津市高中新课改把增加学生的选择权、促进科学选才，作为高中新课改的重要价值取向和改革目标，大力推进高中课程的走班制教学，加大力度支持高中生涯教育发展，激发学生的学习兴趣，合理规划学习及发展方向，以实现学生在共同基础上的有差异、个性化发展；高中学

校在教学安排、课程设置等方面也有了更多的自主权，促进了高中学校多样化和特色化发展。应该看到，面对各种选择，学生整体还存在着学习目标不明确、学习动力不足、自我分析定位不清楚等个人发展中的问题。

进行生涯规划实践研究，旨在让学生学会用科学、系统的方法认识自己、了解自己、规划自己，明确学习目标，提升自我规划、自我发展的能力，增强发展动力。学校立足"有生命力教育"的办学特色，构建新课改下符合校情、学情的生涯教育课程体系，实施生涯规划教育，提升学生的综合素质，提高教育教学质量和学校办学品质，进一步彰显教育的生命活力。

塘沽十三中在近四十年的发展历程中，始终将学校视为教师和学生共生共长的家园。因此，学校工作以"依靠人、为了人、服务人"为基本出发点，逐渐形成了具有师生深刻共识的"以人为本，师生共进，做有生命力教育"的核心价值观。学校在这一价值观的引领下，激发全体师生内在的活力和热情，让教师爱岗敬业、拥有幸福感，让学生学有所成、具有成就感，让师生都有主人翁的使命感、责任感；让生命力教育贯彻到生态校园、活力课堂、阳光德育、科研治学、民主管理等大教育环境中，有生命力教育的核心价值理念有效地统领学校的各项工作，让学校各项工作事业均迈上了新的台阶。

做有生命力教育，意味着这是对生命个体的最大尊重，意味着教育的可持续发展，意味着教与学的和谐统一，它的终极目标在于认识和尊重生命，感悟和呵护生命，完善和发展生命，培养一种积极生活的精神态度和生活能力。学校坚持科学的发展观，围绕做好特色高中建设，制定了适合学校实际三年发展规划，并以这个规划为目标制定年度工作计划。坚持依法办学，制定了符合法律规定并能体现学校办学实际的办学章程，完善了学校制度体系。

教育的根本任务是立德树人。塘沽十三中校训"明德、博学、慎思、笃行"是践行这一教育根本任务的具体化，这既是一种教育理想，也是一种教育实践，必将引领塘沽十三中在办人民满意教育的道路上越走越远，越走越扎实。

二、探索有生命力教育的生涯规划实践之路

学校在新课改实施过程中，通过大力推广生涯规划教育，组织各种教育教学和综合实践活动，积极践行学生生涯规划指导。不仅有效提升了学生自我生涯规划的意识和能力，让他们学会积极地思考、积极地探索，同时也增强了学生成长的发展动力，使学校有生命力教育的内涵得到了升华、理念得到了落实，有生命力教育的办学特色逐渐成为学校的核心价值取向，引领学校优质特色发展。做好基于有生命力教育的生涯规划教育呈现出了重要的现实意义，对促进学校不断提升办学质量和办学品质具有不可估量的理论和实践价值。学校要坚持生涯规划教育的八条原则。

（一）利益整合原则

利益整合是指个人利益与组织利益的整合。这种整合不是牺牲个人的利益，而是处理好个人发展和组织发展的关系，寻找个人发展与组织发展的结合点。每个个体都是在一定的组织环境与社会环境中学习发展的，因此，个体必须认可组织的目的和价值观，并把个人的价值观连同知识和努力集中于组织的需要和机会上。

（二）公平公开原则

在生涯规划方面，学校在提供有关生涯发展的各种信息、教育培训机会、任职机会时，都应当公开其条件标准，保持高度的透明度。这是学生人格受到尊重的体现，是维护学生整体积极性的保证。

（三）协作进行原则

协作进行原则，即生涯规划的各项活动，都要由组织与个人双方共同制定、共同实施、共同参与完成。生涯规划本是好事，应当有利于组织与个人双方。但如果缺乏沟通，就可能造成双方的不理解、不配合以至造成风险，因此必须在生涯规划开发管理战略开始前和进行中，建立相互信任的上下级关系。建立互信关系的最有效方法就是始终共同参与、共同制定、共同实施生涯规划。

（四）动态目标原则

一般来说，组织是变动的，组织的职位是动态的，因此组织对于个人的生涯规划也应当是动态的。在"未来职位"的供给方面，学校除了要保证自身的良好成长外，还要注重学生在成长中开拓和创造新的岗位。

（五）时间梯度原则

由于生涯具有发展阶段和生涯规划周期发展的任务，生涯规划与管理的内容就必须分解为若干个阶段，并划分在不同的时间段内完成。每一时间阶段又有"起点"和"终点"，即"开始执行"和"完成目标"两个时间坐标，如果没有明确的时间规定，会使生涯规划陷于空谈与失败。

（六）发展创新原则

发挥个人的"创造性"这一点，在确定生涯规划目标时就应得到体现。生涯规划和管理工作，并不是指要制定一套规章程序，循规蹈矩、按部就班地完成，而是要让学生发挥自己的能力和潜能，达到自我实现、创造社会效益的目的。我们还应当看到，一个人生涯规划的成功，不仅仅是职业变更、职务上的提升，还包括工作内容的转换或增加、责任范围的扩大、创造性的增强等内在质量的变化。

（七）全程推动原则

在实施生涯规划的各个环节上，对个人进行全过程的观察、设计、实施和调整，以保证生涯规划与管理活动能持续性进行，使其效果得到保证。

（八）全面评价原则

为了对个人的生涯规划发展状况和组织的生涯规划与管理工作状况有正确的了解，要由组织、个人、管理者、家庭成员以及社会有关方面对生涯规划进行全面的评价。在评价中，要特别注意下级对上级的评价。

　　学校为更好地实施有生命力教育的生涯规划实践工作，根据新课程改革的要求，做好课程设置与管理，除开足开齐国家规定课程外，还将选修课、校本课程、研究性学习、社会实践等纳入学校课程体系中。在课程管理上，学校制定了《教师课堂教学常规要求》《校本课程管理制度》《教师教学工作评价方案》等一系列新课程背景下的学校管理制度，保证课程的实施质量，使生涯规划实践取得扎实的成效。

第一章
基于有生命力教育的生涯规划
实践研究目的和意义

　　"做有生命力教育"是一种全人的教育，它不仅包括对生命的关注，更包括对生存能力的培养和生命价值的提升。生命力教育尊重生命个体差异，优化教育生态环境，是在科学的教育发展观指导下，使师生获得共同进步发展的教育。教育的目的是为了成长，教育的过程本身也应是有生命力的，有生命力的教育是一种教育理想，也是一种教育实践。有生命力教育既关注师生当下进步，又关注师生未来发展，是学校办学理念的具体体现。做有生命力的教育成为学校的核心价值理念，也成为全校教职工的共识。

第一节
基于有生命力教育的生涯规划实践研究目的

　　教育的主体是人，人是有生命的。生命对于教育而言，既是最根本、最重要的前提，又是教育终极的目的和归宿。脱离生命的教育，没有任何意义可言。把握住有生命力的教育，才应该是最有价值的教育，也是最有活力的教育。让每一个生命都发挥出最大价值，是学校有生命力教育的初心。

一、基于办学目标的需要

　　高中阶段是基础教育最后一个阶段，是学生身心走向成熟，形成世界观、人生观、价值观的关键时期，也是学生形成正确的价值取向、适应未来社会发展需求的重要时期。这也是学生自我意识增强，通过各种活动对自身能力、兴趣及未来的发展进行思考，做出人生重要决策的阶段。

　　高中阶段也是学生由普通高中教育向专业化教育过渡的阶段。现阶段，我国高中生涯教育普遍缺失，无法满足高中生对生涯教育的需求，最直接的表现是大量高中毕业生由于盲目地选择学校和专业，进而影响到他们的学习生活乃至整个职业人生。

学校为了实现有生命力教育的办学目标，提升生命的价值，促进学生健康成长发展，推广生涯教育理念、开展生涯教育、构建学校生涯教育课程体系、增强全社会对生涯教育重要性的认识。同时，对高中生进行生涯规划指导，可以满足学生对自己的兴趣、能力、理想、价值观以及职业决策等方面探索的需要。在学校的心理辅导工作中开展生涯规划课程和活动，提供生涯咨询和心理测量服务，不仅能帮助学生了解自己的个性特征，而且也能帮助学生思考未来的自己，引导学生进行充分的生涯规划探索，对自己的未来进行科学的规划，为以后的学习及职业生涯做出最佳的决策，减少未来选择时的困惑和迷茫。

二、基于课程改革的需要

2014年9月《国务院关于深化考试招生制度改革的实施意见》（以下简称《意见》）中强调"深化考试招生制度改革，增加学生的选择权，促进科学选才"。《教育部基础教育二司2015年工作要点》中特别提到，要"推动普通高中多样化发展，颁布普通高中生发展指导纲要，指导学校加强对学生生涯规划、课程选择等方面的指导，促进高中高校联合育人，创新培养模式"。

新一轮的教育改革把促进学生健康成长成才作为改革的出发点和落脚点，把增加学生的选择权、促进科学选才，作为高中新课改的重要价值取向和改革目标，大力推进高中课程的走班制教学，加大力度支持高中生涯教育发展，实现学生在共同基础上的差异发展和个性化发展。

《意见》对高考改革进行了顶层设计，按照"两依据一参考"（即依据统一高考成绩、高中学业水平考试成绩，参考高中生综合素质评价信息）工作要求，学生应根据报考高校的要求和自身的特长，在六门学科中选择三个科目计入总成绩。怎样选？根据什么选？如何发现自己的兴趣和特长？怎样选择大学？如何报考适合自己的专业？对未来有怎样的生涯规划？这些问题都是学生需要得到指导的地方，也是需要学校加强学生生涯规划和生涯教育指导的原因。

不断深化的高中课程改革要求进一步加强选修课设置、增加选修课比例，提高学生的选择力度。学生如何根据自己的兴趣、特长选课，同样亟须学校的相关指导。

三、基于学生发展的需要

塘沽十三中为区级重点高中校，学生生源质量居滨海新区塘沽区域中下水平。结合学生现状，一些学习成绩不是很理想的学生缺乏学习动力，找不到个人与社会的切合点，而学习成绩相对较好的学生，对个人的优势及职业又不甚了解，对报考专业及未来发展不能清楚地做出规划。学生整体存在着学习目标不明确、学习动力不足的现象。

因此，开设生涯规划课程，可以帮助学生分析自我、认识自我，明确目标，树立理想，增强学习的兴趣和动力；进行职业生涯规划实践研究，可以帮助学生学会用科学、系统的方法了解自己，让学生学会认识自己和外在的世界，同时给学生提供学习的经验，让学生建立对某一学科领域的兴趣，激发学生积极主动的学习态度，提升学生学习的自主性。再有，进

行职业生涯规划实践研究，还将为学生科学进行自主选修学科、高考专业
选择提供帮助。

四、基于学校实际的需要

多样化发展、特色化建设，是深化教育改革进程中普通高中学校发展
的必经途径。面对新课程改革，学校努力将新课改理念与自身办学特色有
机融合，以全面提升学生的综合素质，真正实现学生在共同基础上的有差
异、个性化的发展，进而提高教育教学质量，进一步锤炼学校特色、学校
文化，提高学校的办学品质，促进学校整体的发展。学校追求师生共同进
步、共同成长，通过各类教育活动、课程设置、课堂改革、教学探索、机
制构建等途径，实施有生命力教育。

学校立足有生命力教育的办学特色，构建新课改下符合校情、学情的
生涯教育课程体系，实施丰富多彩的生涯规划教育，不仅拓展、丰富了学
校生命力教育的内涵，而且也将新课改理念与学校办学特色有机融合，真
正实现"有教无类、因材施教、人人成才"的育人目标；同时，帮助学生
了解未来的需求，正确认识自己，树立目标，激发潜能，掌握方法，提升
能力，选择发展方向，为学生今后人生发展奠定基础。

基于有生命力教育的生涯规划实践研究旨在全面推进新课改的进程
中，将学校办学特色与新课改理念相结合，通过生涯教育的推进，增强学
生的发展动力，提升学生的综合素质，提高教育教学质量，提高学校办学
品质，进一步彰显教育的生命活力，促进学校的整体发展。

第二节
基于有生命力教育的生涯规划实践研究意义

教育的本质是人的教育。长时间以来，教育对人本身的重视程度、对人的成长发展的重视程度却存在一定的缺失。人们往往将教育视为一个输出和输入的过程，教师的职责是输出，而学生的任务是输入，学生就是盛装知识的容器。这样的教育观念和行为忽视了人是一个生命体，从根本上说是不符合教育本质的，最终也会影响学校和教育的发展。

一、彰显办学特色，形成学校文化

（一）办学理念

办学理念是学校发展的命脉，是学校文化底蕴的精华，是学校成功办学的关键。办学理念应该融合学校的实际情况，每个成员对办学的一致主张和对学校发展的共同愿景，在办学实践过程中每个成员能够高度认同，自觉践行。适合的才是最好的。适合学生的教育才是最好的教育。塘沽十三中的办学理念是："有教无类，因材施教，人人成才。"

"有教无类"见于《论语·卫灵公》，原文为：子曰"有教无类。"

其中"教"即教育，"类"即等级、类别，包括高等级的贵族或低等级的贫民，亦指各行各业的人。连贯起来，其含义就是不分贵族平民、不分行业类别、不分华夏夷狄都有接受教育的资格。不难看出，这一教育理论是对教育对象的诠释，是对受教育者范围的划定，充分体现了教育对象的广泛性，是一种平民化的教育思想。孔子的这一教育思想在今天，又赋予新的内容：教育的对象是全体学生，不管其家庭背景、经济条件、资质禀赋、个性特点、智力状况、学业水平等方面的差异，所有学生都享有平等受教育的权利。

先贤对教育均有自己的见解："因材施教"是宋代朱熹根据自己对《论语·颜渊》和《论语·先进》篇的理解概括出来的。孔子一生的教学实践都贯穿着这个教学原则，即根据每个学生不同的情况如资质、性格、能力、心理特点、思维状况等进行有针对性的教育。也就是我们今天的个性教育和个性教学，这是一种有创意的具有可选择性的教育思想和教育方法。

"人人成才"是学校的教育目标，意味着每一个学生，都能通过接受适合自己的教育，实现自己的理想，成长为国家和社会所需要的人才。

"有教无类""因材施教""人人成才"这三者各有侧重，而又一脉相承，分别代表学生的实际情况、教师的教育方法和学校的教育目标。只有尊重学生的个性差异，选择适合每一个学生健康成长的教育方式，才能充分展示自己的个性特长，在不同领域得到发展，真正实现人人成才的目标。这三者又存在因果和递进关系，因为不同学生之间存在差异，学校必须采取适合不同学生发展的教育方式；教育具有很强的个体针对性，也必然充分发挥学生的个性特长；每一个个体都得到发展，人人成才也就有了实现的可能。"有教无类"是基础，"因材施教"是过程，"人人成才"是目标。从培养学生的三维目标来说，"有教无类"是态度、情感和价值观，是教师应该具有的基本教育价值观念；"因材施教"是过程和方法，是全体教师应该具有学生主体观念的具体落实；"人人成才"是学生知识和能力的体现，掌握一定的学科知识，拥有一定才能，才是国家和社会需要的人才。

（二）校训

校训是一所学校广大师生共同遵守的基本行为准则与道德规范，它既是一个学校办学理念、治校精神的反映，也是校园文化建设的重要内容，是一所学校教风、学风、校风的集中表现，体现学校文化精神的核心内容。学校的校训为："明德、博学、慎思、笃行。"

这四个词语各有侧重而又紧密联系、环环相扣。从"德""学"两方面以及如何思考、怎样行动来规范师生的道德规范与基本行为，体现了"育人为本，德育为先"的基本教育理念，回答了"培养什么人"和"怎样培养人"的问题，明确了培养任务，代表了办学发展方向。

"明德"一词，源自《大学》："大学之道，在明明德，在亲民，在止于至善。""明德"是《大学》中三纲要之首纲，也是三纲要的核心和根本。"明德"的意思是学生能够使自己心中美好的德性得到彰显。"明"，使（德）彰显，"德"，既指个人的品德、美德和德行（即有道德的行为），又指人们共同生活必须遵守的社会公德、道德准则。"明德"，即通过教育，使师生学会怎样做人，怎样做有德之人，这既是做人的基本道理，也是学校教育的首要任务。教育事业不仅要传授知识、培养能力，更重要的是把社会主义核心价值体系融入学校教育体系之中，落实立德树人的根本任务，引导全校师生树立正确的世界观、人生观、价值观以及荣辱观，这也是明德的重要体现。

"博学""慎思""笃行"是为学的三个层次，是学生学习求学的三个递进的阶段，也是教师终身学习的三个重要环节。意思是师生要使学问广博，要慎重地思考，要切实地力行。三词源自《中庸》："博学之，审问之，慎思之，明辨之，笃行之。有弗学，学之弗能，弗措也；有弗问，问之弗知，弗措也；有弗思，思之弗得，弗措也；有弗辨，辨之弗明，弗措也；有弗行，行之弗笃，弗措也。人一能之，己百之；人十能之，己千之。果能此道矣，虽愚必明，虽柔必强。"

"博学"既指广博的学识，又指博采百科知识，兼容文理基础。这是希望我们的教师和学生通过刻苦学习和实践，获得广博的知识；不仅要有较全面又相对合理的知识结构，还要有远大的抱负和广博的胸怀，面向社会，看待人生，走向未来，在生命之途中永无止息地学习并充实自己。"慎思"是指学习进步离不开独立认真思考，要通过自己的思想活动对所学知识仔细考察、分析，否则所学不能为自己所用。"笃行"是指既然学有所得，就要努力践履所学，使所学最终有所落实，做到"知行合一"。"笃"有忠贞不渝，踏踏实实，一心一意，坚持不懈之意。只有有明确目标、坚定意志的人，才能真正做到"笃行"。

"明德、博学、慎思、笃行"，简言之，就是引导学生学会做人、学会学习、学会思考、学会实践，努力成为能够适应当今社会发展要求的德才兼备、学问广博、思维活跃、勇于实践的合格人才，是人人成才的具体要求和重要标志。同时也是对教师的一种规范和要求，教师要牢固树立以德施教、以德立身的信念，牢固树立中国特色社会主义理想信念，自觉做中国特色社会主义共同理想和中华民族伟大复兴中国梦的积极传播者，帮助学生筑梦、追梦、圆梦。身体力行把社会主义核心价值观的要求融入日常的教育、教学、管理及与学生的交往中，以高尚的师德、点滴的行为潜移默化影响和激励每一个学生。

教师要有仁爱之心，自觉爱护、尊重、宽容学生，把真情、真心、真诚贯穿教书育人全过程，积极用爱培育爱、激发爱、传播爱，做学生的好朋友和贴心人，平等对待每个学生，让所有学生享受成功的喜悦，成为有用之才。牢固树立终身学习的理念，自觉刻苦钻研、严谨笃学，具备扎实的知识功底、过硬的教学能力、勤勉的教学态度、科学的教学方法，准确把握学生成长规律，不断更新专业理念，提高教育教学质量。善于运用新技术提高教学设计、教学实施、教学评价的专业能力，努力使自己成为业务精湛、学生喜爱的高素质教师，始终为学生提供最有效的指导和最好的教育。

二、形成有特色生涯教育课程体系

生涯一词的英文为career，从词源看，罗马文Viacarraria及拉丁文Carrus均有古代战车之意。career在希腊文有疯狂竞赛精神之意，后来引申为道路。现指人生的发展道路，也指人或事物所经历的途径，还被视为一个人一生发展的过程，或一个人在一生中所扮演的角色和获得的职位。目前，学界大多接受职业规划大师舒伯（Donald E.Super）在1976年下的定义：生涯是生活中各种事件的演进方向和历程，它统合了人的一生中的各种职业和生活角色，由此表现出个人独特的自我发展形态。广义的生涯教育涵盖所有的教育活动；狭义的生涯教育是指引导受教育者认识自我，认识人生发展的所处阶段和环境要素、创新应变和自我经营规划的发展性教育活动。

高中生涯教育是结合高中生涯发展特点和需求，运用生涯理论和技术，通过各种途径和方法，解决学生生涯困惑，促进学生生涯发展的教育活动。高中生涯教育课程是高中学校对学生进行生涯教育的重要手段之一。新高考政策在各省市落地之后，高中学校纷纷推出了形式多样的生涯教育课程。

长期以来，校长、教师、学生、家长普遍认同高中课程依据高考需要而设置，是为升学服务的。因此，在生涯课程内容设计、形式和时间安排上，就会结合高考升学的需求进行课程建构。结果造成高中生涯教育课程主要围绕高考选科和升学展开，与社会和职业相关的考察体验类课程多是走形式，生涯测评多借用国外工具，并未系统开发与本地或本校情况相适应的生涯教育课程，课程仅停留在课堂，并未从根本上改变应试状况。

围绕高中新课改的要求，学校依据《天津市普通高中生生涯规划指导意见》，充分发挥课程在学生生涯规划指导中的重要作用。面向全体学生，开齐开足学生生涯规划指导必修课程，并根据学生特点和需要，围绕学生生涯规划指导内容开设选修课程，选修课与学科教学形成互补，突出指导的系统性和针对性。结合学校特点和学生实际，开发体现"有生命力教育"特色的校本课程，开设与学生发展相关的综合实践课程，对学生进行理想、心理、学业、生涯、生活等方面的教育，促进全体学生健康发展。

在《基于做有生命力教育的生涯规划实践研究》课题的指导下，学校在新的考试招生制度下，逐渐完善学校生涯规划课程体系的构建。了解学生的兴趣特点和能力优势，帮助学生更科学、更恰当地选科选考，为学校顺利开展走班制、开设特色课程打下基础。同时，生涯规划教育使学生懂得需要对自己的兴趣点和能力优势进行深入的自我探索，以便尽早规划自己未来的发展方向，这对学校和学生来说都是十分必要的。紧密适应课程改革和学生成长的需要，学校力争努力构建出生涯规划课程体系，通过开设系列课程及有效实施，帮助学生了解未来的需求，正确认识自己，树立目标，激发潜能，掌握方法，提升能力，选择发展方向，为今后人生发展奠定基础。

课程目标是课程体系构建的准则，是确定课程内容和课程实现形式的基础。高中生涯教育课程体系的目标定位需要从高中教育实际和高中生生涯需求出发。目前，我国大部分中小学生涯教育缺位，而高中生涯教育需要帮助唤醒学生生涯意识，引导学生正确认识自我，了解外部学习的环境，并具备一定的生涯决策和自我管理的能力。高中生的发展潜能大，高中阶段生涯教育课程应当立足当下、关注未来。

学校经过认真研究和思考，将生涯教育课程目标定位为：通过课堂学习和实践活动，引导高中生唤醒生涯意识，探索认识自我、所处学习环境和职业世界，具备初步生涯决策和管理的能力，做好高中学业规划，并为后续升学或职业生涯做准备。

三、为学生今后人生发展奠定基础

（一）生涯教育的主要内容

1.自我探索。高中生并没有直接进入职业领域，已有的职业意识仅仅是来源于书本知识，是一种间接的经验。因此，高中此阶段的自我探索是对儿童时期梦想的反省，对自身的初步了解和对职业观具体化的过程。所以，高中生的自我探索具体分为四个方面：兴趣爱好、能力、气质性格、价值观。兴趣爱好的自我探索最简单的问题就是回答"最喜欢什么"，兴趣和爱好与职业满意度有密切的关系。能力的自我探索是知道自己"能做什么""不能做什么""哪些方面存在优点""哪些方面存在缺点"，能力是影响一个人职业生涯发展和成功的重要因素。气质是高中生内在心理稳定性在行为上的外在表现，一个人的气质好坏，在人际交往中占有重要的地位，与人的成功密切相关。性格是人的内在动力，其决定了高中生怎样面对和解决生活中的难题，并且如何塑造自己的人生，因此培养高中生的性格就是在为他们以后的成功之路奠定基础。高中阶段是学生形成价值观并逐渐完善的重要时期，不同的人生价值观决定着对工作价值的认识和选择。高中生需要认真思考的问题是"我希望通过职业获得什么"。

2.环境探索。环境探索是探索外在的工作世界，包括行业的特性、所需的能力、就业的渠道、工作的内容、工作的发展前景、行业的薪资待遇等。高中生的环境探索主要是通过教师和家长的引导以及自身主动收集信息对职业环境进行认识。如学校会安排学生参观访问相关就业单位；引导学生访问自己的亲友或邻居，或是通过活动让学生进行职业角色扮演等，以此了解不同工作的特性，以获得参与工作状态的体验。

（二）提高家长对职业生涯规划的认识

家长对学生职业选择的影响是最大的，他们能够帮助孩子发展自我意识和职业生涯意识，以及制定职业生涯规划。学校在这方面的工作重点是要引导家长把自己放在观察者的位置上，在职业规划选择上不能包办代替，家长应支持孩子自主搜索信息，鼓励参加兼职工作和志愿者活动，让孩子认识并承担一定的责任和机会，在极少干预的情况下完成个人的职业生涯规划。

（三）呼吁社会对职业生涯规划的重视

生涯规划教育和实践活动具有一定的整体性，是一项社会系统工程。要改善高中阶段职业生涯规划的现状，需要先进的职业测评软件，建立专门的机构设施，培训大量的专业人才，开发教材，进行实验改革，确保高中生的职业生涯规划取得实效。教育部门应设立专门的职业生涯服务机构，为学生熟悉各种职业提供咨询与指导，还要建立职业生涯辅导相关网站，为学生提供个性化的服务。另外，新闻舆论也要积极关注高中生的职业生涯规划，对此进行相关知识的宣传和事实报道，呼吁全社会提升对高中生职业生涯规划的重视程度，并为此提供有利的社会环境和社会支持。

通过职业生涯规划专门课程教学，高中生应当在职业态度、职业生涯规划方面均实现发展。通过职业生涯规划课程的教学，高中生树立起职业生涯发展的自觉意识，树立积极正确职业态度和就业观念，把个人发展和国家需要、社会发展相结合，确立职业的概念和意识，愿意为实现个人的生涯发展和社会发展主动做出积极的努力。通过职业生涯规划课程的教学，高中生应当了解职业发展的阶段特点，清晰地了解自身角色特性、未来职业的特性以及社会环境，了解就业形势与政策法规，掌握基本的劳动力市场相关信息、相关的职业分类知识以及就业创业的基本知识。通过职业生涯规划课程的教学，高中生应当掌握自我认识与分析技能、信息搜索与管理技能、生涯决策技能、求职技能等，学校应该通过课程提高学生的各种通用技能，如沟通技能、问题解决技能、自我管理技能和人际交往技能等。

第二章
基于有生命力教育的生涯规划实践研究依据

在深化教育改革的今天，需要把教育与师生的成长发展联系起来，让教育焕发生命力。为此，怀着对教育本源的追求，学校尝试开展有生命力教育，把各项工作统领到有生命力教育的核心价值理念上来，学校的核心价值追求就是"学校做什么最有价值，怎样做最有价值"。在有生命力教育的具体实践中，学校坚持从人的现状和需求出发，追求师生共同进步，共同成长。学校通过教育活动、课程设置、课堂改革、教学探索、机制构建等途径，落实有生命力的教育。有生命力的教育已经成为塘沽十三中的核心价值理念，也成为全体师生的共识。

第一节
基于有生命力教育的生涯规划实践研究理论依据

基于有生命力教育的生涯规划实践是学校师生教育教学活动的重要探索，是努力将古今科学教育思想和学校自身教育实践有机结合的独特尝试。这种探索尝试始终自觉坚持以中外科学教育理论为指导，尝试建立在科学、正确的起点上，使学校走出一条独特的可持续的办学之路。

一、职业生涯发展理论

职业规划大师舒伯（Super）把"生涯"定义为生活中各种事件的演进方向和历程，它统合了人一生中的各种职业和生活角色，由此表现出个人独特的自我发展形态；生涯也是人生自青春期至退休后所有有酬和无酬的职位的综合，除了职位以外还包括与工作有关的各种角色。根据布尔赫勒（Buehler）的生命周期和列文基斯特（Lavighurst）的发展阶段论，舒伯发展出一个新的诠释职业和生涯的发展概念模式。他在1953年提出了10个基本主张，在之后出版的《职业发展：研究的架构》以及他与巴克拉奇（Bachrach）合著的《科学的生涯和职业发展》书中，又进一步发展为十二个基本主张。这些主张如下：

一是生涯是一种连续不断、循序渐进且不可逆转的过程；二是生涯发展是一种有秩序、有固定形态且可以预测的过程；三是生涯发展是一种动态的过程；四是自我观念在青春期就开始发展，至青春期逐渐明朗，并于成年期转化为职业生涯的概念；五是自青少年期至成人期，随着年龄的渐长，现实因素如人格特质和社会因素，对个人职业的选择愈加重要；六是对于父母的认同，会影响个人正确角色的发展和各个角色间的一致协调，以及对职业生涯计划及结果的解释；七是职业升迁的方向和速度与个人的聪明才智、父母的社会经济地位、本人的地位需求、价值观、兴趣爱好、人际技巧以及经济社会中的供需情况有关；八是人的兴趣、价值观、需求、对父母的认同、社会资源的利用、个人的学历以及其所处社会的职业结构、趋势、态度等均会影响个人的生涯选择；九是虽每种职业均有特定要求的能力、兴趣、人格特质，但却颇具弹性，以致允许不同类型的人从事相同的职业，或一个人从事多种不同类型的工作；十是工作满意度视其个人能力、兴趣、价值观及人格特质是否能在其工作中适当发挥；十一是工作满意的程度与个人在工作中实现自我观念的程度有关；十二是大部分人而言，工作及职业是个人人格完整的重心。虽然对少数人而言，这种机会是不重要的，或甚至是不存在的，社会活动及家庭才是他们人格完整的中心。

在发展学生核心素养和新高考改革不断推进的时代境遇中，高中生将比以往迎来更多重的发展选择，他们也会在学业、专业、就业和职业等方面面临更大的抉择压力。这些现实情况对高中生既是机遇也是挑战，机遇指学生自我发展的机会更多，挑战即在太多的机会面前学生必须具备科学的决策意识与能力。

《国家中长期教育改革和发展规划纲要（2010-2020年）》指出：高中阶段教育是学生个性形成、自主发展的关键时期，要为学生成长、成人、成才提供知识储备和能力准备，需要建立学生发展指导制度，加强对学生的理想、心理、学业等多方面的指导，为学生的人生发展奠基。《教育部基础教育二司2015年的工作要点》中也指出：要颁布普通高中生发展指导纲要，指导学校加强对学生生涯规划、课程选择等方面的指导。普通高中课程方案中"课程实施与评价"部分指出：切实加强学生发展指导，加强对学生的理想、心理、学业、生活、生涯规划等方面的指导，提高学生的生涯规划能力和自主发展能力。

学生生涯知识的拓展和生涯规划能力的培养被学校摆上教育的重要日程，它需要学校、家庭和社会给予适合的环境支持和知识保障；尤其需要学校具备完整、系统和科学的生涯课程体系，给学生提供全方位的生涯指导，使学生在未来多变的社会中具备正视现实、决策未来的能力。因此，高中生涯课程体系的设计与创新自然成为目前学校亟待解决的核心议题。生涯教育课程体系的设计必须以对生涯教育内涵的明晰为前提，因而解决生涯教育是什么，具有哪些特点和内容要素等内涵问题是夯实课程设计的根基。

二、以人为本发展理念

"人本发展"是指教育更加关照学生独特的生命主体，尽可能地为学生的发展提供机会，让学生体验到被人关注、被人爱护的温暖与幸福，体验到自由探索与成功的快乐。"人本发展"直接指向每一个学生，关注学生个性的健康发展，还原学生的主体地位。尽可能地发现学生的闪光点，引导学生扬长避短，帮助学生积极开发自身潜能，用以引导学生生涯规划，使教育真正服务于学生的发展。

学校管理要牢牢把握"人本发展"这一根本追求，遵循教育规律，针对教育中的现实问题，对学校教育教学工作及其管理工作进行改革。学校管理要体现有思想、寻模式、显特征；教育教学要符合规律，使学校出现新气象；学校课程要统一、稳定，更要有拓展、特色和创新等特点。

"以人为本"是新课程的核心理念，它强调人是教育的中心点和出发点。以人为本的教育理念是时代发展的产物，在新课程改革的背景下，教育教学必须落实以人为本的理念，让教与学充满浓浓的人文情怀。"以人为本"要求教师是品德高尚、业务精良的领航者。苏霍姆林斯基指出，"对待每一个学生，都给予全面的关怀，让他们真正获得全面的发展，使他们不但现在而且将来都拥有终身的幸福"。这是对"以人为本"教育理念的生动诠释。

学生在教师传道、授业和解惑中成长，教师在工作中加强师德修炼，用高尚的人格魅力来影响学生，在工作中不断汲取和进取，以精良的业务品质胜任工作。就教学而言，"以人为本"要求教师从学生实际出发，以学生的个性和年龄特征为基础，因材施教；以学生为主体，让学生主动参与、自主学习。

"以人为本"要尊重学生的独立思考的权利。早在一百多年前，西关学校校祖那夏礼博士就积极倡导自主的学习方式，他曾指出"陈腐的帝制之下，中国学子定必岁岁、年年苦于文学堆塞，死记条文，可悲之至。中国人需要在学习方式方法上来一场彻底的革命。他们需要学会独立思考……"传承学校传统，吸收时代精神，尊重学生独立思考的权利理应成为学校教学理念的要义。

在教学过程中，教师应引导学生独立思考，提倡学生展开思维碰撞，鼓励学生发表富有创造性的观点或看法；应该放弃传统的"师道尊严"，把学生放在与自己平等的地位上，建立课堂上真诚的"对话"；应重视课堂教学的人文价值，使课堂不仅仅是教授具体的知识与技能，更是启发学生思维、启迪学生心灵的地方。

三、"三生教育"理念

生命教育、生存教育、生活教育简称为"三生教育"。"三生教育"就是要通过教育的力量，使受教育者树立正确的生命观、生存观、生活观的主体认知和行为过程。也就是要通过整合学校教育、家庭教育、社会教育的力量，激发学生的主体认知和行为实践，最终达到帮助学生树立正确的生命观、生存观和生活观的目标过程。教育需要教给学生怎样认识生命、对待生命，怎样生存、如何生活，以"有生命力教育"为特色的学校办学，正是以教育教学的具体实践诠释"三生教育"的崭新理念。

"新三生"教育坚持以生为本、重在发展。让教育回归原点，聚焦于关注学生的生命发展、生命存在、生命智慧、人生境界，一切为了生命的自由生长。

首先，促进学生的自主发展，即注重培育生命的主体精神和独立人格，倡导生活自理、行为自律、学习自觉、人格自强和文化自信，让学生成为生活和学习的主人。其次，注重学生的全面发展，即强化理想信念教育和劳动教育，特别注重"五育并举"，培育学生的综合素养。再次，助力学生的个性发展，即尊重学生的天性，注重生命的独特性，发展学生的个性特长；注重构建多样化的课程，实现分类分层 选课走班，促使学生特色发展。最后，关注学生的持续发展，即强调健康第一，践行"绿色分数、生态教育"的理念，激发学生的生命潜能，促进学生可持续发展。

"新三生"教育强调整体育人。新时代的学校教育需要进行整体规划、整体安排、整体推进，整合各种资源，统筹各方力量，把育人渗透到学校教育教学各个环节和各个方面，实现全员育人、全面育人、全程育人、全科育人。学校以此为依据，探索出了"创新学校治理、造就名师团队、改革培养模式、发展生命德育、构建卓越课程、培育融创课堂、建设生态校园"的七大路径，形成了"明晰生命成长主体、培植生命成长沃土、尊重生命成长规律、引导生命成长方向、唤醒生命成长潜能"的五大策略，强化了管理育人、课程育人、文化育人、实践育人和环境育人，整体构建起了蓬勃向上与联动共生的教育新生态，使教育重新焕发出生机与活力。

"新三生"教育的生态理论强调，生态结构具有系统性、协调性、内生性、多样性和适应性等特点。这就要求教师发展必须打破静止状态，创新体制机制、培育教育信仰、改革师培课程，最终走向动态生长的新生态。

四、素质教育思想理论

生涯规划教育实践研究坚持"立德树人"的总原则，以学生为本、以学生的可持续性发展为本，面向全体学生，遵循学生身心发展规律，尊重学生个体差异，重视学生核心素养的形成，帮助学生树立正确的理想信念，促进学生的身心和谐、健康成长、全面发展。高中阶段是连接基础教育和高等教育的关键时期，相对于初中阶段和小学阶段的学生而言，高中生面临着更繁重的学业压力和更关键的职业选择，对大学类型和学科专业的选择等将对学生的人生发展带来关键性的影响。高中生需要在实现自身核心素养发展的基础上，处理好学业、专业与就业的关系，思考自己想要报考的专业，才能正确地面对人生的重大选择，以便在高考志愿选择和就业等方面做出符合个人志趣的决定。

不同时期学生对学业、专业、职业有不同需要和不同追求，只有具备生涯知识和生涯理念，具备生涯规划的意识和能力，才能更好发展自身，进而可持续地促进自我核心素养的生成，这也是在核心素养理念指引下学生必备生涯素养与能力的现实诉求。因而生涯知识对高中生而言更为关键与迫切，它涉及人一生中的方方面面，影响着一个又一个接踵而至的关键机会。

生涯教育在学生核心素养生成与发展中的价值体现为帮助学生在学业发展中践行终身发展的学习理念与行动，在升学择业中具有自我发展的意识与动力，在职业发展中养成处理好个人与集体、社会关系的能力以及与事业有效互动的能力。

素质教育在未成年人思想道德建设和学生思想政治教育工作中进一步得到推进。2007年5月颁行的《国家教育事业发展"十一五"规划纲要》中"以素质教育为主题"，要求将素质教育贯穿于各级各类教育；提出"全面贯彻党的教育方针，全面实施素质教育"的主要任务，教育要切实加强德育工作，通过深化教育教学改革，形成推进素质教育的合力。党的十八大报告中强调，优先发展教育、建设人力资源强国，要"全面贯彻党的教育方针，坚持育人为本、德育为先，实施素质教育，提高教育现代化水平，培养德智体美劳全面发展的社会主义建设者和接班人，办好人民满意的教育"；要求素质教育的实施与推进，要坚持育人为本、德育为先。

素质教育是面向全体学生，以学生的全面发展为宗旨的教育理念或教育指导思想，这个认识在讨论中已经达成共识。教育理论中关于培养学生应重知识还是能力，应重智力因素还是非智力因素等讨论，其实质都是在讨论素质教育的内涵和本质。人的全面发展是人的发展的最高理想，马克思主义的人的全面发展理论是社会主义教育目的的理论基础，追求每个学生的全面发展是素质教育的本质要求与核心内涵。

在我国素质教育的发展进程中，针对素质教育的模式属性和理念属性之辩，有学者明确提出，"素质教育是一种教育思想，不是一种简单的教育模式，提倡素质教育是教育思想上的一大突破"。这种突破最重要的表现是，素质教育以提高国民素质为根本宗旨，以全面培养学生的创新精神和实践能力为重点，以促进学生全面发展为终极目的。在素质教育的实施中，一以贯之的价值目标和内涵是学生的全面发展。有研究认为，素质教育促进人的全面发展，提升国民综合素质，发展了马克思主义关于人的全面发展的学说。有学者认为，"素质教育本质上是全面发展教育的初始阶段"，在素质教育不断深化过程中，要始终坚持以人为本的理念，有教无类、因材施教。"实施素质教育让学生成为他自己"，身心各个方面获得自由而全面的发展。

第二节
基于有生命力教育的生涯规划实践研究政策依据

教育是立德树人的伟大事业，基础教育是提高民族素质的奠基工程。想办好教育就要全面贯彻党的教育方针，认真落实立德树人的根本任务，严格遵循各项国家法规政策，大力推进素质教育。只有这样，学校才能守正创新，扎实创出卓越的特色和业绩，探索出高质量、高水平的办学之路。

一、关于立德树人的论述

习近平总书记在全国教育大会上指出，要坚持把立德树人作为根本任务。这是关于教育的重要论述，是对新时代我国各级各类学校育人目标、培养体系、管理体系、评价体系的总体要求，体现了新时代我国教育的价值选择和实践导向，必须长期坚持，抓好贯彻落实。坚持立德树人是新时代我国教育实践的根本任务。习近平总书记指出，"培养什么人"是教育的首要问题。

我国是中国共产党领导的社会主义国家，这就决定了我们的教育必须把培养社会主义建设者和接班人作为根本任务，培养一代又一代拥护中国共产党领导和我国社会主义制度，立志为中国特色社会主义奋斗终身的有用人才。这是教育工作的根本任务，也是教育现代化的方向和目标。坚持立德树人是建设教育强国的根本任务。其本质是回答"培养什么样的人""怎样培养人""为谁培养人"这些教育目的与过程的基本问题。

当前，我国正处于"两个一百年"奋斗目标的历史交汇期，党和国家事业发展对教育的需要，对科学知识和优秀人才的需要，比以往任何时候都更为迫切。要实现中华民族伟大复兴的中国梦，实现中华民族从"站起来""富起来"，再到"强起来"的发展目标，关键在人，关键看教育。要实现从"人口红利"向"人才红利"的历史跨越，必须努力深化教育改革，实现教育现代化。要确保我们培养的是"与党和人民同心同行的人"，就必须坚持立德树人的根本任务。坚持立德树人体现了全面发展的育人观。

习近平总书记用"打底子"来比喻基础教育的育人作用。基础教育阶段"要为孩子打好身体的底子""打好道德、精神的底子""打好知识、能力的底子"。从教育价值的哲学分类看，教育肩负着发展人的个体生命价值的职责，这是教育的元价值，或个体性价值；同时，教育也肩负着社会和家庭对人的生产劳动能力发展的需要，这种价值可以称为教育的生产劳动价值或工具性价值；此外，教育还肩负着发展人的良好思想品德的任务，使其能够在社会中很好地交流合作、担当责任，这种价值被称为教育的消费性价值或社会性价值。

立德树人将教育对人的个体性发展价值、工具性发展价值、社会性发展价值有效统一起来，是新时代我国学校育人体系建设的重要理论基础。三大价值相互联系、相辅相成、相互渗透，实现了学校教育价值体系的系统建构。坚持把立德树人作为根本任务，必须完善具有中国特色的育人体系。要努力构建德智体美劳全面培养的教育体系，形成更高水平的人才培养体系。要把立德树人融入思想道德教育、文化知识教育、社会实践教育各环节，贯穿基础教育、职业教育、高等教育各领域，学科体系、教学体系、教材体系、管理体系要围绕这个目标来设计，教师要围绕这个目标来教，学生要围绕这个目标来学。凡是不利于实现这个目标的做法都要坚决改过来。

如何深入落实立德树人根本任务，习近平总书记提出了六个"下功夫"。这是新时代教育改革发展必须遵循的基本要求，是对学校教育内涵发展的顶层设计。

一是要在坚定理想信念上下功夫，教育引导学生树立共产主义远大理想和中国特色社会主义共同理想，增强学生的中国特色社会主义道路自信、理论自信、制度自信、文化自信，立志肩负起民族复兴的时代重任。

二是要在厚植爱国主义情怀上下功夫，让爱国主义精神在学生心中牢牢扎根，教育引导学生热爱和拥护中国共产党，立志听党话、跟党走，立志扎根人民、奉献国家。

三是要在加强品德修养上下功夫，教育引导学生培育和践行社会主义核心价值观，踏踏实实修好品德，成为有大爱大德大情怀的人。

四是要在增长知识见识上下功夫，教育引导学生珍惜学习时光，心无旁骛求知问学，增长见识，丰富学识，沿着求真理、悟道理、明事理的方向前进。

五是要在培养奋斗精神上下功夫，教育引导学生树立高远志向，历练敢于担当、不懈奋斗的精神，具有勇于奋斗的精神状态、乐观向上的人生态度，做到刚健有为、自强不息。

六是要在增强综合素质上下功夫，教育引导学生培养综合能力，培养创新思维。要树立"健康第一"的教育理念，开齐开足体育课，帮助学生在体育锻炼中享受乐趣、增强体质、健全人格、锤炼意志。要全面加强和改进学校美育，坚持以美育人、以文化育人，提高学生审美和人文素养。要在学生中弘扬劳动精神，教育引导学生崇尚劳动、尊重劳动，懂得劳动最光荣、劳动最崇高、劳动最伟大、劳动最美丽的道理，长大后能够辛勤劳动、诚实劳动、创造性劳动。

六个方面的"下功夫"是对立德树人根本任务和德智体美劳全面发展目标的具体化、深化和细化，是对新时代我国教育目标的新发展、新部署、新要求。要落实六个"下功夫"，就要系统完善新时代学校育人目标体系，让育人目标更加细化、系统化，充分体现立德树人根本任务的要求；要完善新时代学校课程和教学体系，将立德树人根本任务和六个"下功夫"切实贯穿落实在学科体系、课程体系、教材体系、教学体系、思想政治工作体系中，优化活动体系、实践体系、文化体系、管理体系、协同体系等，实现全程育人、全员育人、全方位育人；要深化教育体制机制改革，切实加强思想政治教育、德育、美育、体育、劳动教育等薄弱环节，完善和发展习近平新时代中国特色社会主义的素质教育新体系；要将立德树人的根本任务和六个"下功夫"纳入学校干部教师继续教育培训课程体系，让学校干部教师充分领会立德树人根本任务的重要战略意义，充分理解并创造性地贯彻落实六个"下功夫"的总体要求；要加强宣传引导，培育和发现一批创新落实立德树人根本任务的典型经验，用中国风格、中国特色的新时代教育典范引领新时代立德树人培养体系新发展。

坚持把立德树人作为根本任务，深化教育体制改革，扭转不科学的教育评价导向。评价是实践的导向工具。要落实立德树人根本任务，就要构建与之相适应的评价导向体系。要深化教育体制改革，健全立德树人落实机制，扭转不科学的教育评价导向，坚决克服唯分数、唯升学、唯文凭、唯论文、唯帽子的顽瘴痼疾，从根本上解决教育评价指挥棒问题。

要扭转不科学的教育评价导向，首先，要在党和政府层面构建科学系统的学校教育综合评价督导体系，切实将立德树人根本任务作为教育评价的根本要求，要科学系统地将六个"下功夫"纳入学校评价体系。其次，学校要切实形成学生成长和教师专业发展的综合评价体系，着力评价学生在六个"下功夫"方面的成长和发展，充分体现立德树人的评价导向。要在各级考试命题中体现对立德树人根本任务的考查，将六个"下功夫"的要求渗透在对学生学习的考察过程中。最后，要引导社会教育评价导向，用立德树人、全面发展、六个"下功夫"等科学评价导向引领社会教育评价舆论，逐步形成全社会共同认可的立德树人舆论氛围和价值取向。

二、教育部门颁布的有关政策法规

《国家中长期教育改革和发展规划纲要（2010-2020年）》中指出："全面提高普通高中生综合素质，促进学生全面而有个性的发展。鼓励普通高中根据需要适当增加职业教育的教学内容，为在校生和未升学毕业生提供职业教育。"2014年9月《国务院关于深化考试招生制度改革的实施意见》中强调："深化考试招生制度改革，增加学生的选择权，促进科学选才。"《教育部基础教育二司2015年工作要点》中特别提到，要"推动普通高中多样化发展，颁布普通高中生发展指导纲要，指导学校加强对学生生涯规划、课程选择等方面的指导，促进高中高校联合育人，创新培养模式"。新一轮的教育改革把促进学生健康成长成才作为改革的出发点和落脚点，把增加学生的选择权、促进科学选才，作为高中新课改的重要价值取向和改革目标，大力推进高中课程的走班制教学，加大力度支持高中生涯教育发展，从而有利于学生实现共同基础上的有差异、个性化发展。

《教育部关于普通高中学业水平考试的实施意见》明确提出："要加强学生生涯发展指导。"《教育部关于加强和改进普通高中学生综合素质评价的意见》中提出："坚持指导性，把握学生的个性特点，关注成长过程，激发每一个学生的潜能优势，鼓励学生不断进步。"《国务院关于深化考试招生制度改革的实施意见》，开启了高考综合改革的脚步，对学生、教师、家长、学校有了新的要求。

生涯教育成为高中生的必修课，学校普及生涯规划教育，让学生读懂如何制定自己的目标。因此，学生指导发展对于促进学生成长具有不可替代的作用，生涯教育在其中扮演了关键角色。

任何社会活动都离不开法律法规的引导和保障，高中生的职业生涯教育同样也需要法律法规的保障支持。西方发达国家通过法律、法规形式规范职业生涯教育各参与方的权利、义务和职责，显示了对职业生涯教育法制体系的重视。1974年美国颁布的《生计教育法》把以学校为基础的生计教育作为职业生涯教育的重点，1989年制定的《国家职业生涯发展指导方针》，提倡通过学校、家庭以及社区的通力合作，促使个人通过多种方式获得生涯规划能力。

我国也颁布了关于职业生涯教育方面的法律，如《普通高中职业指导纲要》《职业指导办法》，但还停留在办法、纲要等形式上，没有上升到法律的高度，很难引起社会各界的重视。在目前就业形势空前严峻的情况下，为有效缓解就业压力，政府可从不同的视觉完善职业生涯教育法律法规，保证职业生涯教育系统、持续、健康发展；同时，提供资金专项支持，用于师资培训、教育资源建设等；组织多方力量对我国学生职业生涯教育开展深入广泛的本土化研究，结合国际先进的教育理念，制定满足人才需求、融合本土文化的职业生涯教育发展指标，对职业生涯教育的目标、任务、师资建设、资源保障等方面做出明确规定，通过向企业提供更多的奖励性优惠政策，引导、鼓励企业在能力所及的范围内为学生的职业体验提供平台。

三、学生全面发展的核心素养培育

人的全面发展是教育的终极目标和根本价值取向。核心素养作为人才培养的新指针，在促进学生全面发展中具有前所未有和不可取代的地位及作用。

（一）核心素养培育为促进学生的全面发展创造条件、开辟道路

核心素养的培育旨在提升学生的综合素质，它不仅为学生的全面发展

创造条件，而且也为实现全面发展提供了具有现实意义的新路径。

第一，核心素养紧扣时代发展对人才培养的要求，积极适应社会发展与技术进步。社会的发展变化对人才培养不断提出新课题，提高人才培养质量对学校来说，是一个永无止境的过程。核心素养是动态概念，它的内涵随着社会的发展而不断变化，因此能够容纳新的因素，具有时代性和前瞻性。人才培养模式改革摸准社会需求变化的脉搏，根据时代发展凝练核心素养，并用核心素养培育来引领人才培养。

第二，核心素养是立德树人的基础，特别关注学生的全面发展与终身发展。核心素养作为落实"立德树人"根本任务的基础，必须以人的全面发展和终身发展为价值取向。事实上对核心素养的遴选，都会涉及学生全面发展及终身发展所需要的知识、技能、态度和价值观等方面，"综合国际上诸多核心素养的框架清单可以发现，创新创业素养、批判性思维、解决问题能力、学习能力、社会与公民素养、交流与合作能力、自我发展与自我管理、信息素养等是被共同强调的"。这些共通元素是学生适应社会需要，促进终身学习，实现全面发展的有力保障。

第三，核心素养坚持以人为本，突出教育在促进人自身的完善与发展、身体与心灵健全发展的作用，高度重视受教育者的生活品质与生存质量。教育是培养人的社会实践活动，其终极目标是促进人的全面发展。好的教育注重受教育者的生活品质和生存质量，从而造就幸福的人生，不好的教育则相反。学校教育是培养有生活情趣和高尚情操的人，而不是只会劳动的机器。学生核心素养体系涉及个体职业发展、生活规划、文化意识、环境研究、管理与解决冲突等内容，这些将影响甚至决定学生的生活品质和生存质量，对学生的全面发展、终身发展具有重要的导向作用。

（二）核心素养培育将全面发展教育方针总体要求具体化，为提升人才培养质量建构新方略

核心素养既是全面发展教育方针总体要求的具体化与细化，又是实现学校教育价值以及确立人才质量标准的基础与核心，是人才培育质量提升的新方略。

第一，核心素养体系注重顶层设计，深入回答人才培养的根本问题。从全面发展的教育目标，到党的十八大提出的"立德树人"根本任务，再到党的十九大进一步要求不断增强学生的社会责任感、创新精神、实践能力，这些方针政策对人才培养起到了重要的指导意义，但要落实到具体的教育教学，还需要具体化和细化，转化为学生应该具备的适应社会发展和全面发展的素养要求。构建学生核心素养体系便是试图从顶层设计上解决这一问题，"把对学生德智体美全面发展总体要求和社会主义核心价值观的有关内容具体化、细化，转化为具体的品格和能力要求……深入回答'培养什么人、怎样培养人'的问题"。

第二，核心素养培育推进素质教育观念重构，确立人才培养新认知。对核心素养的科学理解，离不开对素质教育理念的重新审视。20世纪80年代以来，"素质教育"理念开始盛行，它着眼于人的全面发展，倡导发展的个性特质。但在实践中，素质教育所追求的全面发展，又常常给人们以教育万能的假象，万能到能够超脱于决定它的社会环境。教育并不能满足人全面发展的所有知识、技能，而是要为人的全面发展奠定基础。核心素养的提出恰恰是对夸大素质教育功能的一种纠正和矫治，更加突出"人重

于才"的价值取向和以学生发展为本位的教育理念。在此基础上，通过核心知识、技能与关键品质的培养为人的全面发展奠基。

第三，核心素养培育突出教育实践的可操作性，完善人才培养策略。由于"素质教育"中的"素质"内涵具有高度的抽象性和综合性，造成了素质教育实践可操作性不强的困境。核心素养的提出就是要破解素质教育内涵过宽、操作性不强这一难题。与素质的抽象性相比较，素养具有"可教、可学、可测评的内涵特质……使学生发展目标的选择、发展水平的规定、质量标准的划定等建立在扎实的教育实践根基之上，可理解、可操作、可评估"，因而在教育实践中具有很强的可操作性。基于此，我们可以把学生核心素养培育看成是素质教育的深入和突破，必将在落实立德树人任务进程中推动教育新局面。

第三节
基于有生命力教育的生涯规划实践研究现实依据

学校的一切工作都要从学校实际出发，坚持实事求是办学，让学校的教育教学工作稳定落在校情的现实基点上。基于有生命力教育的生涯规划必须以校情和学情作为开展研究和相关工作的真实的起点，这样生涯规划教育才能蹄疾步稳，取得扎实有效的工作成绩。

一、学校基本情况分析

塘沽十三中始建于1982年，最初为普通完中校，2000年成为高中校，2004年晋升为区级重点高中校。学校现有24个教学班，学生1000余人，教职工130余人。其中正高级教师1人、高级教师42人、特级教师1人，全国优秀教师1人、天津市首批未来教育家奠基工程学员1人、市级学科带头人、优秀教师和优秀班主任10余人，区级优秀教师、优秀班主任20余人。

（一）学校现状

学校占地面积19594平方米，建筑面积13800平方米，拥有200米塑胶跑道的运动操场、篮球场及综合楼、教学楼、实验楼。学校现有信息技术、通用技术、理化生语史地音美专用教室，拥有图书阅览中心、心理辅导与职业探索中心、啦啦操训练中心及多媒体录播教室和集多种小型运动于一身的综合运动比赛场，设施设备不断优化，保证了各项教育教学活动的顺利进行。学校高度重视信息化建设，已实现校园网络全覆盖，实现班班通；所有教室均安装使用多功能电子白板。建立了电子校务平台，立足学校实际，以中央电化教育馆信息化课题研究为抓手，制订了信息化发展的可行性计划。

（二）学校情况分析

塘沽十三中学生生涯发展总体处于中上水平，但是学生在生涯各方面发展不均衡。在三个维度中，学生的生涯态度和生涯认知处于一个较高的水平，这说明他们已经开始或正在形成对未来生涯发展的观念和想法，同时也与他们在高中接受了一学期的生涯探索课程的辅导有关。学生在生涯行动维度发展较低，这说明学生缺少进一步的更为积极有效的行动探索。在这一方面，学校可以开设大量的综合实践类课程，让学生动起来，参与到实际生活中，体验各种职业生活和学科特点。

生涯行动包含三个水平，分别是生涯探索、生涯计划和生涯决策。通过对学生的数据测试，比较这三者的平均分，我们可以发现，生涯决策处于一个较低的水平，这可能与学生的心理发展阶段有关。高中阶段的学生正处于埃里克森心理社会发展理论中的"青春期"，在这一发展阶段，获得"自我同一性"是高中生最重要的发展任务。有研究表明学生的自我价值感越高，其正向自我评价越高，生涯发展水平也就越高。高中生的总体自我价值感及一般自我价值感都直接影响其生涯发展。在面对生涯发展阶段议题时，个体的积极自我价值感为个体提供了完善自我、探索自我、规划未来的内部驱动力。高中生在这一人生发展时期的阶段性任务就是形成自我同一性地位。青春期是自我的发现及再整合时期，自我同一性能让个体整合过去经验与未来期望，对开始面临生涯议题的青少年而言非常重要。在一些研究中，我们还发现高中生自我同一性地位的高低水平直接影响其生涯发展状况。

日本学者加藤厚通过研究，将青少年时期个体的自我同一性地位水平分为六类，按自我同一性地位形成水平由高到低排列分别为：同一性形成（A地位）、同一性形成—权威接纳中间（A—F地位）、权威接纳（F地位）、积极延缓（M地位）、同一性扩散—积极延缓中间（D—M地位）、同一性扩散（D地位）。同一性形成地位的高中生，在过去体验过发展危机之后，现在正在进行积极自我投入，以期未来的发展方向符合预期。这一自我同一性形成的过程与高中生生涯发展的过程十分相似。处于自我同一性的权威接纳地位上的个体，在过去未曾经历过发展危机，其选择接纳权威，所做决定不是出于自身抉择，而是服从父母或社会。在今后有关于生涯发展的影响因素研究中，可进一步探索处于权威接纳地位的个体受父母生涯期望的影响是否明显高于其他自我同一性地位者。

在学校的实际工作中，要想提高学生的生涯发展水平，必须提高学生的自我同一性水平。因此，将生涯教育与心理健康教育相结合，是我们必须要做的事情。当然，就目前各校情况来看，生涯教育很大程度上都是学校的心理教师在做，虽然生涯教育和心理健康教育在内容上有着一定程度的重合，但是这两类课程从教学目标到教学方法还是有区别的，想要将它们很好的融合，是一个值得思考的角度。

二、学生现状问题分析

新高考改革考验着学生的选择力。以"六选三"看，"3+3"就意味着，除了语数外三门课程以外，剩下的六门课，共有二十种选择模式，学生要在这二十种选择模式里找到自己的科目组合进行考试。通过实地调查和访谈，目前天津市高中生的职业生涯规划与职业生涯指导方面呈现以下状况。

（一）高中生自我认识不足

天津市高中生对自身认识不清晰主要表现在两个方面。第一，对自身性格、兴趣、优势和劣势的不了解。16.33%的学生对自己的性格、兴趣、优势和劣势非常了解，59.51%的学生比较了解，21.70%属于不太了解的状态，2.46%的学生基本没有了解。第二，对自身性格适合做何种工作的不了解。调查结果显示：仅有5.82%的学生非常了解，30.65%的学生比较了解，56.82%的学生表示不太了解，6.71%的学生从没想过，将近六成以上的学生不太了解自己的性格适合做什么职业。

（二）高中生对职业生涯规划认知度不足

天津市高中生缺乏对职业的认知表现有两个方面。一是对自己喜欢的职业前景不了解，半数以上学生不太清楚自己喜欢职业的行业前景，25.28%表示比较清楚，14.31%的学生从未想过，仅有6.04%的学生非常了解。二是对社会目前就业形势和未来对人才需求情况不了解，近六成的学生不太了解社会目前的就业形势和未来对人才的需求状况，只有近三成比较了解，非常了解的学生更是不足一成。

（三）高中生对职业生涯规划主动性不足

天津市高中生的职业生涯规划主动性较差表现在两个方面。第一，主动收集职业或升学方面信息少，仅有5.82%的学生会经常有意识地收集职业或升学方面的信息，43.18%的学生偶尔会，33.6%的学生曾经有过，17.23%的学生从未有过。第二，做过职业规划的学生不多。在被调查者中，做过职业生涯规划的仅占11.19%，63.98%的学生表示正在考虑中，23.49%的学生尚未接触过，0.89%的学生认为高中生没有必要进行职业生涯规划。

（四）高中生对职业生涯规划认知不足

天津市高中生对职业生涯规划认知不足，具体表现在高中生对职业生涯规划相关理论知之甚少。调查显示：绝大多数学生对此不太了解达65.55%，没听说过的也近两成，仅有4.03%非常了解，13.2%比较了解。

三、生涯规划问题分析

生涯规划全称为职业生涯规划（career planning），又叫职业生涯设计，是指个人与组织相结合，在对一个人职业生涯的主客观条件进行测定、分析、总结的基础上，对自己的兴趣、爱好、能力、特点进行综合分析与权衡，结合时代特点，根据自己的职业倾向，确定最佳的职业奋斗目标，并为实现这一目标作出行之有效的安排。生涯规划的目的绝不仅仅是帮助个人按照自己的资历条件找到一份合适的工作，达到与实现个人目标，更重要的是帮助个人真正了解自己，为自己定下事业大计，筹划未来，根据主客观条件设计出合理且可行的职业生涯发展方向，拟定一生的发展规划。

生涯规划教育不是一种求职工具，而是一种认识自我、实现不同潜质学生发展所需要的教育理念。生涯教育的基本理念就是让学生树立基于工作的学习态度，把学会学习和学会工作有机结合起来，正确科学地认识自我，唤醒自身潜能，树立信心，促进每个学生的全面发展和积极成长。生涯规划实践就是引导中学生尽早正确认识自我、认识外部世界（学业、职业等）、认识自我与生涯规划的关系、认识生涯规划与外部世界的关系，从而做出有效行动的一种教育实践。

对学生进行职业生涯规划最主要的方式是开设职业生涯规划课程，但是该课程与专业课程相比，因学时较短，学分较低，在学生的主观概念中并不重视这门课程。在课程设置上，基本上以传统的"老师讲、学生学"的形式向学生传授职业生涯规划的理论性知识，虽然基础理论重要，但是内容空泛，形式单一，缺乏实践性，导致知识渗透力不够，学生参与课程教学的主动性弱，削弱了课程设置的目标要求。面对不同的授课对象，采用同样的授课内容，缺乏针对性，不具有创新性，不能根据学生的个体特性因材施教，难以激发学生的兴趣，无法满足学生的个人需求。学校的生涯指导师资力量薄弱，没有专业教师，指导者缺少系统专业的知识技能，加之平时忙于事务性工作，利用第二课堂开展职业生涯规划教育的方式较少，缺少对学生自身职业生涯规划及执行的跟踪调查，教育效果不明显。

因此，专业指导教师的缺乏对学生的职业生涯规划影响较大。很多学生对职业生涯规划没有做好充足的准备，会出现上课不积极、课堂参与度低等现象，完全没有认识到职业生涯规划的重要性，错过了对自身认知和未来规划的黄金阶段。有些学生虽然按照教师要求，根据自身情况制定好目标，明确未来就业方向，但没过多久，就不了了之了，完全不考虑制定的职业生涯规划实施的效果如何，教师也没有对学生职业生涯规划展开跟踪调查。

高考新模式从表面看是学生对三门等级考试课程和考试次数进行选择，本质是学生自我认识和学会选择的过程。如今生涯发展指导已经被列入高中阶段的课程体系，由原来的学生毕业时进行的升学对策或就业去向指导，改为引导学生从高一开始就要对自己的生涯发展有长远考虑，为此，了解学生在自我与职业相匹配的过程，学生自我探索与职业探索的方式方法，引导学生全面深入地认识自己、了解家庭与家长、了解社会发展趋势和职业要求等，选择适合自己发展的课程，理顺人生发展的重大课题，形成积极的自我同一性，成为更好的自己。

第三章
基于有生命力教育的生涯规划实践研究概念与内容

　　学校教育究竟应该是什么样？校长和教师工作的出发点和落脚点应该是什么？如何让教育具有生命力？打造有生命力的教育成为了学校和教育工作者的首要任务。学校不仅要提升学生的学习能力，还要提升学生的综合素质，为全面发展奠定坚实的基础。生涯教育能够促进人才科学理智分流，缓解就业压力，有助于学生树立健康的自我意识，有利于初高中的教育衔接。目前，学生职业生涯教育面临着社会意识淡薄、保障体系不健全、教育体系不完整、专业教师缺乏、课程缺失等困境。建立科学的人才评价机制，健全职业生涯教育保障体系，构建立体化的教育体系，打造职业化、专业化专兼结合的教师队伍，家庭、学校、社会之间通力合作是高中阶段实施职业生涯教育的有效策略。

第一节
基于有生命力教育的生涯规划实践研究概念界定

教育是一种教书育人的过程，是提高学生的综合素质的社会实践活动，其本质是促进学生全面、健康的成长和发展。教育的根本价值，是给国家和社会提供具有崇高信仰、道德高尚、诚实守法、博学多才、多专多能的人才和合格公民，推动民族兴旺，国家强盛，促进人的健康发展。教育的出发点和落脚点是学生本身。

一、生命力与生命力教育

生命力教育，生命力（vitality）可以指人的生命力、社会的生命力、自然的生命力。生命力所呈现的应该是一种生命的状态，生命力所表达的应该是生命状态的力量，生命力应该源自人们的内心，它是信念、坚守、承诺。关于"生命力教育"，不同的学者从不同的角度去定义，但其核心都是围绕要教会学生接受与认识生命的意义，尊重与珍惜生命的价值，热爱与发展每个人独特的生命，并将自己的生命融入社会这样的核心要义，都是倡导要使学生树立健康、积极、正确的生命观，珍惜生命，敬畏生命，树立坚定的理想信念，以博大的胸怀和坚韧的毅力去实现个体的生命价值。因此，生命力教育是教育的前提，也是教育的最高追求。

在深化教育改革的今天，我们需要把教育的发展与师生的发展联系起来，让教育具有一种生命力。多年来，塘沽十三中始终以"做有生命力教育"为办学特色，坚持教育就是生长，生长是教育的唯一目的，有生命力教育才是真正的教育。有生命力教育是学校办学理念的体现、彰显和物化，"有教无类"追求教育平等，"因材施教"体现教育方法，"人人成才"显示教育成果。

教育的生命力首先体现在"一切为了学生的发展"。每个学生都是鲜活的生命个体，每个生命都有成长的愿望、诉求、潜能和创造力，并有自身的生长节律。办有生命力教育就是尊重教育规律，尊重人的成长、发展规律，承认并尊重学生的个体差异，根据学生不同的兴趣爱好，因材施教。有生命力教育的核心是促进人的发展与成长。有生命力教育在具体实践中，必须坚持从人的实际情况出发、从人的需要出发、从人的发展出发。

二、职业生涯规划与生涯规划教育

塘沽十三中将"有生命力教育"的办学理念与生涯规划相结合，调查研究高中生职业生涯规划的现状，发现问题并提出解决对策，以发展的角度看待学生的成长、教师的专业成长以及学校的可持续性发展，这些又促进了具有塘沽十三中特色的理论与实践创新。通过高中生涯规划，挖掘学科潜能，培养适应未来社会变化的一系列技能，树立学生的人生理想；通过帮助认识自我、唤醒潜能、树立信心，让每个学生过有梦想有追求有动力的生活。如此，实现高中教育与未来教育的有机衔接，打造终身教育的体系，促进每个学生最好的发展和积极的成长。

塘沽十三中的《学业指导手册》包括：天津市新课程文件、塘沽十三中课程体系、塘沽十三中学科认知表三个部分，涉及《天津市深化考试招生制度改革实施方案》《天津市高考综合改革详解》《天津市完善普通高中学业水平考试的实施办法》三个纲领性文件，和塘沽十三中基于生命力教育的生涯规划课程体系图解，以及体现各学科课程目标、核心素养、课程内容、课程安排、课程建议、课程学法指导等内容的学科认知表。依据《天津市普通高中生发展指导意见》等文件，结合高中生成长发展过程中生涯规划教育的要求，塘沽十三中的《发展指导手册》就学生发展规划、生涯综合实践活动课程体系构建、活动计划实施、活动方案呈现等内容进行了初步建构。

加强高中生职业生涯规划教育，是促进学生全面发展和终身发展的重要举措，也是应对新高考改革的迫切需要。随着新高考改革政策的实施，为适应学生发展需要，学校高度重视生涯规划教育，采取"请进来走出去"的方式，选派骨干教师和心理辅导教师外出参加生涯规划教育培训，同时邀请生涯规划教育专家和来校讲学，为全校师生和学生家长传授系统的、前沿的生涯规划教育理念和方法途径。学校请生涯规划教育讲师来校授课，根据学生年段对其进行分层指导，详细讲解新高考背景下高中三年学生生涯规划、职业规划的主要内容。学校通过系统的学习和训练来提高学生的认知能力，引导他们发现个人的兴趣和特长，从而学会选择。

心理学研究表明：学习兴趣是构成学习动机中最现实、最活跃的成分，一个人对其所学的东西产生了浓厚的兴趣，便会迸发出惊人的热情。

而热情是一种魔力，它会创造奇迹。在日常生活中，人们更愿意从事感兴趣的活动，在选择职业时，人们也会倾向于选择与兴趣匹配的工作。

为了充分激发学生的兴趣，塘沽十三中积极开展社团活动，开设了球类、啦啦操、瑜伽、天文、书法、辩论、文学社等二十多个社团，同时与企业、高校联合开设相关社团。不仅如此，学校每年都会举办艺术节、运动会、心育节、征文比赛等丰富多彩的文体活动，为学生施展个性、发挥特长提供广阔的舞台。学校一直努力让学生明确："你今天在学校选择哪一个社团，就意味着明天可能选择哪一个专业；你今天对待社团的态度，就意味着明天对待工作单位的态度；你今天在社团中的位置，就意味着明天在工作单位的位置。"

学生判断自己将来选择的专业或从事的职业，对自己兴趣特长、性格特征、学科优势乃至社会需求的把握固然重要，但更重要的还是选择的专业或职业是否真正适合自己。这就需要学生走出学校，走进高校、走进企业、走向社会，体验相关专业或职业，从而做出理性的选择。为此，塘沽十三中充分利用校友资源、社区资源、家长资源，邀请各行各业人士，利用课余时间向学生介绍具体工作的特点，讲解自己职业生涯中的酸甜苦辣，引导学生充分了解职业世界。同时，塘沽十三中组织学生在课余时间尤其是假期开展研学活动，让学生走进高校和企业进行专业实习和职业体验，开阔眼界，了解社会，从中发现自己的优势和不足，找准自己未来的发展方向。学校要求学生在高一高二的寒暑假中必须完成一次职业体验，体验完毕后，学生要填写自己的职业体验报告，以文字、视频、音频等形式记录自己的职业体验过程。假期结束后，学校举行职业体验成果汇报展示活动，让学生互相交流、相互学习、共同进步、共同成长。

三、基于有生命力教育生涯规划的实践

为构建高中生生涯规划发展的机制模型，为生涯规划教育提供理论依据及支持，塘沽十三中将生涯规划与学校特有的有生命力教育相结合的方式进行实践研究，从发展的眼光看待学生、教师及学校整体，不仅拓展了有生命力教育的内涵、丰富了有生命力教育的内容，而且生涯发展理论成为诠释塘沽十三中有生命力教育特色的一个重要的理论依据。

（一）加强教师队伍建设，提高教师整体素质

塘沽十三中将建设高素质的教职工队伍，作为学校发展的重要目标，重视师德师风建设，开展多种形式的师德师风教育活动，建立教师考评机制，建立教师成长档案，签订师德责任书，努力提升教师教书育人的责任感和使命感。学校狠抓教师培训工作，利用多种形式组织教师走出去学习提高，组织策划教师参加多种形式培训学习。积极开展"大练兵大比武"活动，促进教师的专业发展。仅一年时间，我校有两名教师就在天津市双优课比赛中获二等奖、十名教师在全国高中信息技术与教学融合优质课大赛活动中分获一等奖和二等奖。学校立项市级"十三五"课题一项，同时一项成果获天津市第六届教育教学成果二等奖（全市三十五项、滨海新区八项）。学校还与天津市实验中学滨海学校结成战略联盟学校，探索传统老校与新建名校联合办学的新模式；与天津市五十七中学等八所学校联盟，推进毕业班工作走向多校联盟。

（二）教育教学实践活动，突出主题式工作模式

学校通过"一节"（体育艺术节）"两典礼"（开学典礼、毕业典礼）"四会"（优秀教师表彰会、德育大会、教育科研大会、教学研讨

会）等系列化、主题化活动，提高管理的精细化水平，提升学校办学品质。

1.德育工作方面。学校组建了较为完善的德育管理机构，成立了书记、校长、主管校长、部门主任、团委、心理教师、思政课教师、学生会、年级组、班主任以及家长、社区等相关人员组成的"大德育"团队，构建了立体化、多元化的管理模式。

明确三个年级的德育培养目标：高一年级以文明行为习惯的养成为目标，以规范教育为重点，学会对自己负责、对他人负责；高二年级以培养健全人格为目标，以正确的人生观教育为重点，学会对家庭负责、对集体负责；高三年级以培养良好的公民素养为目标，以理想励志教育为重点，学会对社会负责。

学校通过德育工作大会、思政课宣讲、班主任研讨培训会、班主任工作实招论坛、学生干部培训等活动，提高了德育队伍素养，推动了学校德育工作。学校还认真探索适合本校学生特点的教育方法和手段，逐渐形成德育特色。学校充分利用唱响班歌、喊亮誓词等有效的教育形式，促进学生形成奋发向上的良好的精神状态；定期召开家长委员会、班级协作体会议，共同探讨班级建设和青年学生成长规律，谋划学校教育和家庭教育策略，真正做到家长、教师、学生携手共进，实现教育效果的最大化。

学校共有二十余个学生社团，如趣味化学、校园足球、啦啦操、心理社、辩论社、走进版画等丰富多彩的社团活动，不仅丰富了学生的课余生活，而且陶冶了学生的情操。目前学校有二十四个志愿者小分队，定期开展校园执勤、志愿服务、社区服务、慰问残障困难儿童等活动。这些活动既对学生良好行为规范的养成产生了积极的影响，又进一步增强了学生的社会责任感。

2.教学活动方面。学校积极探讨高效课堂的有效策略与途径。结合校情、学情，提出了"导引、探究、点拨、练习、展示、评价"六环节教学基本模式，构建"有生命力"的课堂教学，更好地体现学生主体性，使学生乐学、会学、学会，真正成为学习的主人。创建了以小组合作学习、语文随笔化"情景随笔、读悟评改"写作等具有学科学段特色、体现教师个人风格的课堂教学模式。

围绕新课程的要求，深入开展培养学生核心素养的认知研讨，开展"我最喜爱的一节课"评比活动。在非毕业班年级开展学科竞赛活动，从实验操作到教具制作，再到特色作业，它们丰富、有趣、各具特色，学生参与热情高涨。学校还注重培养学生良好学习习惯，特别是晨读活动、课堂笔记本、错题本、计划本等加强规范精细化管理；充分利用各类表彰会、学生会、班级协作体会、家长会、部分学生家访等活动，对学生和家长进行学法、家庭教育指导。学校组织高三毕业班开展"奋战冬三月""目标挑战赛""百日誓师""六十天冲刺誓师""毕业典礼"等主题教育活动，张贴誓词、倒计时牌等营造备考氛围，鼓舞士气，振奋精神。

3.深化高中课改方面。学校坚持多样化发展、特色化带动。依托市级"十三五"课题，开展"基于有生命力教育的生涯规划实践研究"，营造以教育科研促学校教育教学改革管理的新模式。根据天津市新课程改革方案，学校全面进入新课改阶段，通过家长会、致家长一封信等方式，向家长宣讲天津市新课程改革的政策，以及滨海新区、学校的相关工作要求，得到了家长的理解支持与配合。

在"六选三"选课走班工作中，学校面临着校舍、师资等严重不足的实际困难。为保证学生们的良好学习环境、学习氛围、学习效果、学习成绩，学校反复研究政策、吃透课改精神、学习借鉴上海、浙江等地兄弟校的经验教训以及本地区兄弟学校的好经验、好做法，经过与家长、学生通力合作，达到了良好的共识。学校本着"一切都是为了孩子能有更好的未来和发展"的原则，与家长、学生通力配合，不断提升社会的认可度。

为进一步推动学校多样化、特色化发展，塘沽十三中进一步加大资金投入。学校建成了300平方米的心理辅导与职业探索中心，为学生购置生涯规划测试平台；确定了啦啦操为学校体育特色项目；组建了机器人社团开展学校科技活动。在学生艺术展演中，学校的合唱、健美操、街舞、话剧等节目都获得了优异成绩；在塘沽区"读书节"高中生辩论赛团体冠军。另外，学校还坚持体育特长生的招生，完善了体育选项教学并进行了区级展示。

塘沽十三中深入贯彻落实党的十九大精神和滨海新区教育体育局的工作要求，全面贯彻党的教育方针、落实立德树人的根本任务、深化教育改革、推进依法治教，提升教育现代化水平，将"有生命力教育"寓于学校管理之中，成为学校的核心价值理念；寓于队伍建设之中，使师德建设成为做有生命力教育的保障；寓于教研与教学之中，使课程建设、课堂教学成为落实有生命力教育的主阵地；寓于特色活动中，使丰富多彩、充满活力的各类活动彰显出生命蓬勃发展的生动活力。

第二节
高中生生涯规划指导的基本内容

高中生生涯规划指导是一项崭新的教育工作，其中充满着辛勤的探索尝试过程。开展好高中生生涯规划指导工作要适应国家和时代的要求，高度契合全体学生成长发展的需要，促进学生在共同基础上的不同个性、不同才能的发展，为今后生涯规划和个人成长奠定良好的基础。塘沽十三中高中生生涯规划指导的基本内容包括：理想指导、心理指导、学业指导、生涯指导、生活指导。

一、理想指导

理想指导内容包括：指导学生学会实事求是的科学精神；树立积极向上的人生态度，学会用理想引领发展目标；能够在社会生活中做出正确的价值判断和价值选择；积极参加集体活动和社会实践体验，增强社会责任感；培养爱国情怀，树立报效祖国、振兴民族的远大理想。"功崇惟志，业广惟勤。"理想指引人生方向，信念决定事业成败。没有理想信念，就会导致精神上"缺钙"。

高中生要有坚定的理想信念，要与国家的理想信念保持一致。实现中国梦是我们每个人的梦想，它并不会因为职业身份，以及职位高低在理想信念上产生区别。一些学生在思想上存在一定误区，认为实现中国梦与自己个人的工作岗位比起来显得有些遥远，甚至还会有"事不关己高高挂起"的想法。每一名高中生只要立足于做好自己，充分发挥自己的才能，挖掘自己的潜力，都是为国家的社会经济建设做贡献，这是为实现中国梦贡献自己的力量。实现中国梦，需要每个人的努力，更需要青年学生有坚定的理想信念。坚定的理想信念要有坚实的指导思想才能使青年学生不会偏离方向。

二、心理指导

心理指导包括：指导学生形成健康的自我认识，正确看待自己的独特价值，提升自尊与自信，悦纳自我；学会表达、懂得尊重、增强合作意识、优化心理品质，开发心理潜能，培养健全人格。学校心理辅导是指教育者运用心理学、教育学、社会学、行为科学乃至精神医学等多种学科的理论与技术，通过集体辅导、个别辅导、教育教学中的心理辅导以及家庭心理辅导等多种形式，帮助学生自我认识，自我接纳，自我调节，从而充分开发学生自身潜能，促进其心理健康与人格和谐发展的一种教育活动。这里的人格是指个人对己、对人、对事方面的个性心理品质。心理辅导着重对学生的自我意识、情绪的自我调适、意志品质、人际交往与沟通，以及群体协作技能进行辅导，以培养学生良好的个性心理与社会适应能力。

三、学业指导

学业指导包括：指导学生明确学习目标，树立积极的学习态度；了解高中知识体系的特点，更好地适应高中阶段的学习；根据高等院校要求和自身特长选择并形成适合自身发展的课程内容，挖掘自身学习潜能，提高学习效率、学习能力。学习辅导有广义与狭义之分。广义的学习辅导是对学习者学习过程中发生的各种问题（如认知技能、知识障碍、动机、情绪等）进行辅导；狭义的学习辅导是对学生经历了学习挫折和困难时产生的心理困扰和行为障碍进行辅导。从培养学生良好的心理素质意义上讲，广义学习辅导更具有积极意义，它符合学校心理辅导以发展性目标为主的精神。

四、生涯指导

生涯指导包括：指导学生树立生涯规划的意识，掌握生涯规划的基本知识和基本技能；了解自身的潜能和高中阶段的学习特点，了解高等院校专业的基本信息与社会职业需求，找到适合自己的学习路径和职业方向，初步建立自己的生涯规划档案；围绕生涯规划，选择选修课程和实践活动，锻炼升学和就业所需的技能，为未来的学习、工作和终身发展做准备。

五、生活指导

生活指导包括：指导学生适应高中生活环境，培养独立健康的生活意识和能力；处理好学习与生活的关系，养成健康的生活习惯与兴趣爱好；珍爱生命，培养安全意识并掌握一定的安全和生活技能。它主要通过休闲辅导、消费辅导和日常生活技能辅导等，培养学生健康的生活情趣、乐观的生活态度和良好的生活技能。这对学生将来获得幸福而充实的生活具有潜在的影响，同时对他们发展个性、增长才干、提高学习效率也具有有力的迁移作用。

学校通过开展生涯规划教育课程，旨在让学生在自我认识、专业了解和合理选课等方面都具有科学的认知和合理的方向，借助霍兰德职业兴趣测评和生涯规划测评系统，让学生在"六选三"及专业选择方面避免了盲目和从众现象，在选课组班的过程中，学生能很快找到适合自己的学科组合，提高职业生涯意识和人生规划能力。

第三节
基于有生命力教育的生涯规划实践研究内容

为做好基于有生命力教育的生涯规划的实践活动，学校坚持一切从实际出发，发挥自身优势，统筹学校全面工作和基于有生命力教育生涯规划，扎实取得了生涯规划教育实践的工作实效。

一、构建学校生涯教育课程体系

自2017年秋季入学起，天津市实施了新的考试招生制度。为了适应新的考试招生制度的变化及要求，需要进一步深化高中课程改革，塘沽十三中积极投入到课程改革之中。2017年学校申报了天津市教育学会"十三五"规划课题"基于有生命力教育的生涯规划实践研究"。课程体系构建是其核心，学校初步建立了基于生命力教育的课程体系，在开足开齐国家课程（学科课程）的基础上，根据办学特色做好校本课程的开发与设置，充分利用各种资源，精心设计综合实践活动，使高中课程改革各项要求得到落实。

（一）建立特色校本课程，做好生涯规划指导

1.在高一年级开设了校本课程"心理健康与生涯规划"（必修课），共分7个单元，包括：生涯意识、生涯素养、自我探索、学职群、升学通道、职业和行业及休闲探索、生涯决策。通过心理规划课，普及生涯规划基本概念，让学生树立生涯规划意识，对学生的兴趣、爱好、专业倾向等方面做了初步的调查和研究，针对每个学生都形成了相应的数据报告。这些数据有助于学生将来的专业发展方向、职业的选择，为后期"六选三"选科工作打下了坚实的基础。

2.在高二年级根据学生选科情况，开设相应选修11课程，进行学科课程的拓展与延伸，主要课程有《化学与技术》《塘沽史话》《智慧与生活》《地理与生活》《生物科学与生活》《面包板物理制作》等。通过职业体验与实践，指导学生学会时间管理，对学生进行学法指导等。

3.在高三年级根据升学需求，开设大学专业及志愿填报等生涯指导课程。侧重高校志愿选报指导和心理调适，指导学生根据自己的学业水平、兴趣爱好匹配好相应的高校及专业，掌握心理调适的方法，避免考试焦虑。

（二）开展综合实践活动，实施生涯规划教育

1.结合学校课改整体要求，在教师指导下，高一年级和高二年级开展研究性学习，主要研究方向是塘沽历史与文化、学科知识拓展等。

2.按照课程安排，每学年开展一周社会实践活动，主要是军训、学农劳动、职业体验等内容。

3.在公益活动与志愿服务方面，学校要求高一年级和高二年级的学生

充分利用假期等开展社区服务和公益活动等。

4.在班团活动方面，三个年级每周利用一课时开展学习党课、团课、主题教育等活动。

（三）依据核心素养理念，促进核心素养生成

核心素养既是学生发展的目标又是学生学习的内容，依据核心素养理念来构建利于促进高中生核心素养生成的课程目标，是生涯课程的价值体现和根本任务。学生发展核心素养的"三维度六因素"的内容构成内在的要求，从生涯发展视角来构建具体可操作的、可见的、可评价的和可实现的发展目标，有助于推动生涯教育课程的实施和课程效能的实现。

首先，"文化基础"维度要求，目标的设计需要从"人文底蕴"和"科学精神"两个层面来构建知识目标，从人文与科学两个视角来吸收和整合生涯教育课程的核心知识，让学生具备坚实的文化基础，为自身的"自主发展"提供根基，因而知识目标包括"知识架构"和"科学精神"两层面意涵。

其次，学生生涯课程的目标最终会指向学生终身的自主、自由与和谐发展，因而"学会学习"和"健康生活"是生涯课程的核心目标之一，关键是通过课程促进学生更好地认识自我，才能更好学会学习与健康生活。

最后，"社会参与"维度指引学生要想实现生涯课程目标，需要从自身的社会责任意识和实践创新角度思考。因生涯课程只有通过实践才能实现价值与效能，课程目标的制定假如没有实践的检验是无法实现，故"责任与实践"是核心，也是必然的三大目标之一。

二、心理与生涯规划指导课的设计与研究

塘沽十三中面向全体学生，开齐开足高中生生涯规划指导必修课程，并根据学生特点和需要，围绕高中生生涯规划指导内容开设选修课程，选修课与学科教学形成互补，突出指导的系统性和针对性。结合学校特点和学生实际，开发体现学校特色的校本课程，开设与学生发展相关的课程，对学生从心理、学业、生涯、生活等方面进行教育，促进全体学生健康发展。

面向部分有一定特长和发展性问题的学生，开展个性化指导，有针对性地解决个别学生的问题。学校注重学科教学渗透，结合学科核心素养，挖掘学科教学中可利用的高中生生涯规划指导因素，形成具有学科特色的高中生生涯规划指导方案，将高中生生涯规划指导和学科教学有机结合起来。

学生心理与生涯规划指导坚持立德树人的总原则，以学生为本、面向全体学生，遵循学生身心发展规律，尊重个体差异，重在培养学生形成核心素养，帮助学生树立正确的理想信念，促进学生身心健康和谐发展，充分挖掘学生的潜质，培养学生自主发展的意识和能力，减少和排除学生发展过程中出现的困惑和问题，同时为下一阶段学习、生活与工作做好必要的准备。

高中时期是学生选择未来人生发展道路、个性形成、自主发展的关键时期，在高中阶段重视生涯规划及生涯发展，使学生形成初步的生涯自我概念及较为明确的生涯发展目标，对于高中生今后阶段性发展具有深远的

意义。2017年《天津市普通高中生发展指导实施意见》指出，高中学校要加强学生的生涯指导，指导学生树立生涯意识，了解相关知识，不断提高生涯规划能力，为未来的学习、工作和终身发展做准备。随着新高考改革的不断深入，高中阶段的生涯规划教育也越来越融入学校整体的教育教学中，并在学生认识自我、规划自我、发展自我等方面发挥了重要的指导作用。

塘沽十三中"做有生命力教育"的办学理念，其核心就是要教会学生接受并认识生命的意义，尊重与珍惜生命的价值，热爱与发展每个人独特的生命，并将自己的生命融入社会之中。这种对生命意义的探索其实就是生涯教育的初心，生涯教育源于对未来的思考，前行于对自我和外在的探索。

"实践是检验真理的唯一标准"，通过生涯实际活动来检验生涯规划教育课程中的理论知识，通过实践活动让学生对生涯规划有更深刻的认识。实践活动有利于学生认识自我，挖掘自己潜力，提高学生创造力，以及对未来职业做出初步的规划和目标。在各种实际活动中，学生获得经验，提高生涯规划意识。塘沽十三中高度重视实际活动在生涯规划教育中的作用，落实实践课程，为学生提供更丰富的实践资源，提高学生对生涯规划教育的学习兴趣。学校也定期开展生涯规划实践活动，如专家讲座、生涯见习、职业模拟等，组织学生参观不同职业岗位的工作环境。

结合学校特点和学生实际，学校开发一系列体现学校特色的校本课程，围绕高中三个年级学生不同时期发展的不同特点、不同任务，制定生涯规划指导课的课程目标、教学内容，形成具有学校特色、学科特色的生涯规划校本课程，编写并实施校本教材《心理与生涯规划教师手册》《学生生涯发展成长手册》。

三、基于有生命力教育开展生涯规划的具体模式研究

塘沽十三中将开展学生生涯规划指导的研究，建立在"做有生命力教育"的办学特色的基础上，以发展的观点，构建学生生涯规划指导的实践体系。对学生的生涯教育的最佳时期就在高中阶段，但高中生对自我职业发展的期望值过高，多数学生在填报志愿时会更多关注未来薪资的高低，没有把个人未来发展空间和成就放在首要位置。为此，学校构建生涯教育体系，重视培养学生的学业生涯和职业规划能力，提高学生的生涯决策和管理自我能力。

（一）管理：建立生涯教育管理体系，做好顶层设计统整学校管理体系

我国高中学校内部管理体系是横向设立的，但生涯规划教育主要是纵向的管理路径，遵循学生三年发展成长的规律，科学处理好学生目前学习与未来发展的关系。因此，学校以生涯规划教育为核心整合各科室的功能，以高中三年的重要节点和主要教育任务为中心，构建以学生发展为本的生涯规划教育管理体系，从而实现学生的个性化发展和职业需要。

（二）课程：打造学科生涯教育课程体系，满足学生自我实现需求

学校享有课程设置权，教师享有课程开发权，学生享有课程选择权，从而形成有鲜明特色的生涯课程体系。学科教学是渗透生涯意识的主阵地。马斯洛的自我实现需要目标就是生涯教育所追求的最高层次的目标。

学科教学是实现学生自我发展目标和生涯教育最重要的可行途径之一。因此，学校积极开发生涯校本课程，开设了"生涯规划与职业体验"校本课程。一方面，整合职业与课程，学生的个性特长得到关注，满足了学生升学愿望，也兼顾了未来的就业和生活质量；另一方面，将生涯教育与家乡经济发展方向结合起来，要求学生将自身职业方向与本地发展融合起来，更能坚定学生选择特定职业的愿望。学校还开设生涯心理学课程，明确了心理教师的主要职责是做好学生的生涯规划教育和管理。

（三）实践：整合学校、社会、家庭等资源，提供多样化的职业体验活动

学生在亲身体验中学习，在体验中领悟，建构与自己有关职业的知识经验。在实践中，学校主要以综合实践活动为核心，开展职业讲座、研究性学习、社会实践活动、社区服务活动等，为学生提前了解社会实际情况、提升自身实践能力打开一扇窗户。学校带领学生走进企事业单位，意在增强学生的职业体验和感受。许多学生不懂得如何选择大学和专业，从而引发后续的择业和就业问题。其中原因之一是学生不了解社会需求，无法找到与自己兴趣爱好相结合的点。很多人在工作一段时间后，遇到自身难以克服的困难和瓶颈时，才发现自己不适合这项工作，但已经付出了很大的代价。因此，高中生必须了解目前社会经济实况、各类职业供需状况和发展前景。

对于有关的实践途径，家长也能提供机会，让学生走出学校，开展课外活动、调查社会职业和访问参观。如学校专门给学生设定职业实习日，要求学生到企事业单位去见习，从而了解职业特点、职业技能，获得职场经验。学生深入社会实践，增加了解社会实际的机会，正确处理好职业与个人爱

好、升学、社会需求的关系，找到适合自己发展的方向和目标。学校引导家长要重视学生的未来发展，并参与进来，家长是学生的第一任老师，也是最了解孩子个性、爱好和特长的。另外，家长对社会各类职业有直接的认识和感悟，能够成为孩子生涯教育的重要指导者。家长可以主动引导孩子通过讲座、网络、讨论交流等方式，了解相关职业情况，结合自己实践经验，指导孩子进行合理的选择，减少盲目性和不必要的弯路，增强方向感和实效性。

学校尊重和调动学生的主体作用。学生在生涯规划教育中居于主体地位，其他人不能代替。指导学生全面考虑各种因素，综合做出最佳选择。为此，要求学生做到：一要认真完成高中各科必修内容和部分选修内容的学习，备足相关必要的学科知识；二要综合评价自己，结合自我评价、团队互评、教师评价、学校评价、家长评价、社会（如实习单位）评价等，充分了解自身的优势和潜能。三要清楚了解学业与社会需求间的关系。整合各方资源，需要借助大数据技术。依托各类教育信息管理系统、校园网、在线学习平台等网络技术，以及课堂日志、课程资源、考试成绩、学习档案等线下资料，运用相关智能采集和统计技术，获取学生的学业成绩、活动能力、行为交往习惯、个性心理四大类数据，精确得出学生的主要个性特征、学习行为特点及其影响因素、学习效果，科学推测学生的兴趣、特长、职业倾向、未来发展趋势，帮助学生做出合理的生涯决策。

四、融合社会资源，拓展生涯教育的渠道

通过开展多样化的综合实践活动，塘沽十三中形成具有针对性的高中生生涯规划指导方式，提高指导活动的针对性和实效性。几年来，学校一直坚持开展"家长志愿者"课堂。学校要求各班一学期至少开展两次以上的活动，邀请家长志愿者到校为学生开展"职业探索"课程。这样的课堂一般安排在某一次班会时间。参与活动的家长来自各行各业，他们开发的课案与自己的行业相关联，极大地丰富了学生对社会职业的认知，拓展了视野，激发了兴趣爱好，引领学生的职业向往。职业生涯教育是以社会实践活动为主要载体进行的教育，它作为一种新的教育理念，涉及很多方面。从教育内容看，包括职业知识、职业技能、职业情感和职业生涯规划等；从教育形式看，需对各种知识进行整合，它不仅仅从课堂上习得，还需要学校、家庭与社会各方面的积极参与。因此，塘沽十三中实施生涯教育从观念着手，形成以学校为主、家庭为基础、社区为依托、实习基地为关键的教育格局，把生涯教育落到实处。

（一）加强宣传发动，达成共识

一方面，学校通过校园黑板报、校刊、网络等宣传工具，宣传有关职业生涯教育的意义与知识，内容丰富多彩；另一方面，邀请社会上不同行业的人士来校介绍本行业的发展趋势和对人才的要求，指导和组织学生参加社会实践活动，利用固定的时间接受学生的咨询等方法，培养学生职业生涯规划的能力。

（二）加强师资队伍培训，提高生涯教育的专业化水平

学校通过各种形式的培训活动，提高教师的生涯教育意识，把生涯教育与日常学生的管理工作与教育实践活动有机地结合起来。同时，开发职业生涯指导课程，培养实施生涯教育的专、兼职教师，提高他们的教学业务素质，让他们掌握相关的生涯教育所需的相关知识，了解当前社会就业状况与

毕业生的需求，积累生涯教育的优秀个案，提高自身的理论与实践水平。

（三）注重实践环节，培养学生的职业素养

学校让学生通过实践发现新问题，总结新规律，培养创新精神和独立工作的能力。学校努力营造真实的实践环境，以培养学生的现实感和职业角色意识；加强校外实习基地建设，让学生有一定时间的校外实习，培养学生的工作态度、质量意识、服务意识、吃苦耐劳意识以及社会责任感等。只有在真实环境的实习中，学生才能真正得到锻炼与熏陶，才能尽快养成良好的职业素养。

（四）加强学校和家庭的双向交流与互动

家庭教育在生涯教育中起着举足轻重的作用。学生人格的形成及职业的选择，更多得益于家庭。塘沽十三中发挥教育主导作用，引导家庭教育，要帮助家长树立正确的择业观、人生观、发展观等。学校定期召开家长会与家教咨询活动以及采取家访、校访等形式，争取学生家庭方面的配合与关注。

无论是生涯教育还是综合实践活动，对于塘沽十三中来说都是一个崭新的课程，同时也是学校需要研究和开发的课程。先进的课程理念转化为有效的教育实践不是一蹴而就的，生涯教育课程及综合实践活动课程的有效实施都是新一轮课程改革的难点，而把综合实践活动作为实施职业生涯教育的有效载体，更需要学校进行长期的实践和探索。

第四章
学校生涯教育课程体系的构建

在新的考试招生制度下，高中生发展指导的重要性和迫切性十分凸显。因此，学校应建立学生发展制度，积极推进高中课程多样化，努力构建生涯规划教育课程体系，在生涯规划课程实施中推进课程改革各项要求落地，满足学生多元发展的需求，为学生未来发展奠基。适应新考试招生制度的变化及要求，需要进一步深化高中课程改革。塘沽十三中坚持把促进学生健康成长成才，提高核心素养作为落实改革的出发点和落脚点，把增加学生的选择权、促进科学选才，作为深化课改的重要价值取向和改革目标，积极推进高中课程多样化，加大力度开展学生生涯规划教育，努力帮助学生实现共同基础上的个性化发展。

第一节
基于生命力教育的生涯规划课程体系结构

课程结构是课程目标转化为教育成果的纽带，是课程各部分的配合和组织。作为课程体系的骨架，规定了组成课程体系的学科门类，及各学科内容的比例关系搭配等，体现出一定的课程理念和课程设置的价值取向。基于生命力教育的生涯规划课程体系结构，体现了学校的办学理念、育人目标，凸显了生命力教育的独有特色。

一、学科类课程

第一，学科课程是完成立德树人根本任务的重要工具，是完成生涯教育核心任务、培养学生社会主义核心价值观的主要载体。学生在生涯规划学科课程的学习过程中，树立正确的理想信念，通过丰富的经历，不断调整个性选择，不断进行实践探索，树立与国家发展相关的个性职业理想，端正个人生活态度，并积极主动为实现自己的生涯规划努力学习。

第二，体现学科课程整体育人价值。新课程标准要求，每门学科课程以门类知识为载体，传授知识，培养能力，培育核心素养，实现课程的整体育人功能，其中一个重要方面就是，向学生展示以学科知识为背景的职业门类、职业从业所需的素养以及养成职业素养的路径等。

第三，体现教师的示范引领。"教师即课程"是现代教育的重要理念，教师个人的价值观、成长经历、学识等对学生起着"耳濡目染"的作用。2016年9月9日，习近平总书记在考察北京八一学校时强调，基础教育是立德树人的事业，是提高民族素质的奠基工程。广大教师要做学生锤炼品格的引路人，做学生学习知识的引路人，做学生创新思维的引路人，做学生奉献祖国的引路人。教师有意识地在学科教学过程中融入生涯教育，有目的地引导学生，使学生的生涯视角有载体、更具体，更能与自己兴趣、特长关联起来，做好生涯规划。

二、综合实践活动课程

（一）研究性学习

研究性学习重视学生基于个人兴趣确定课题、主动获取知识、应用知识并解决问题，尊重学生个体差异性，倡导学生主动参与，发展学生探究、实践、创新的能力。基于生命力教育的生涯规划研究选题贴近学生生活，通过访谈、问卷和活动课程一系列灵活多样的形式，激发学生的学习动机。学生在教师的组织和指导下进行合作，制定问卷、收集分析数据、呈现结果并报告，锻炼了自身的科研、自主学习、合作学习能力，提升了生涯适应力。

《国家中长期教育改革和发展规划纲要（2010-2020年）》指出，"高中阶段教育要建立学生发展指导制度，加强对学生的理想、心理、学业等多方面指导"并"采取多种方式，为在校生和未升学毕业生提供职业教育"。在高考改革和学生发展指导制度建立的背景下，各学校逐渐重视培养学生生涯适应力及开展生涯教育。研究性学习课程从高中生职业生涯探索与规划这一切入点开展生涯教育，与当今生涯教育的主要内容与方式较为一致。

课程结束后，从学生反馈结果来看，课程能启发学生对未来生活的思考，对高中生涯进行规划，提高他们的生涯自主性和生涯自信心，在面对挫折时更好地应对和调整，逐渐学会管理自己的时间，执行自己的计划，提升了自身的生涯管理决策等能力。由于课程的主题为"职业生涯探索和规划"，因此内容更着重职业兴趣、能力、性格分析及对职业的探索。然而，高中生处于不断发展的时期，兴趣、价值观、性格等会发生变化，社会的发展也会造成行业和职业的不断更新。学生的生涯轨迹不一定沿着当前的理想职业规划去发展，因此生涯教育及职业生涯教育应更注重学生生涯应对准备能力的提升。

关于这一点，已经被一些生涯教育专家提出过。专家们综合不同地区的生涯教育经验，提出应该重视培养学生应对生涯任务和生涯转变的能力。这启发我们在之后的生涯教育课程设置中更应注重"生涯管理与决策"这一部分，从压力情绪管理、执行力培养、人际技巧等多方面来培养学生的生涯适应力。生涯教育不仅限于职业生涯教育，也不仅限于课程的方式，生涯教育还包括对学生的学习指导、生活指导、心理指导等，帮助学生更好地培养独立自主等核心素养，更好地适应未来生活。

塘沽十三中开展"学长引路"活动能很好地引导学生关注和规划自己

的高中生涯。由已考上大学的学长来给学生进行学业指导与规划的讲座，现场解决问题并进行互动交流。教师通过这些课程或活动，使学生逐步学会在实践中解决问题，更好地为未来的生涯任务，为将来的生涯角色与不可预测的生涯变化做好准备。此外，学校还通过团体辅导、心理咨询等方式和手段来提高学生的生涯适应力。

（二）社会实践

生涯教育是一门与实践活动结合十分紧密的课程，它具有综合性、实践性、发展性和开放性的特点。塘沽十三中围绕生涯教育开展有针对性的综合实践活动，让所有学生积极地、主动地参与教学活动。在活动中学生交流自己学习或体验的感受，讲述职业发现、职业想法。通过课堂上学生多渠道、多角度的信息传递，变以往的一人演示众人看的被动接受式学习为人人参与、人人动手实验的主动探索式的学习，让每个学生都感受到职业场内的丰富多彩，培养学生的职业乐趣等；深入进去，就是在课堂教学的同时，指导学生浏览有关人才网，了解人才需求信息，学习网上应聘本领。社会实践活动是生涯教育的重要载体。通过开展以职业体验为主题的社会实践活动，引导学生参与各类职业体验活动，以实现学生自我角色的塑造，增强学生的成就感，帮助学生获得工作环境、从业经验等第一手职业信息。多年来，学校深化社会实践实效，推动学习与应用相结合，让学生走出课堂，走向社会，用所思所学去实践，去服务社会，以巩固所学知识。

"综合实践活动是一门基于学生的直接经验，密切联系学生自身生活和社会生活，体现对基础知识基本技能综合运用的实践性课程。"为了满足每个学生的不同需求，让特殊学生获得丰富的自我认知和真切的社会实践体验，形成满足自身及适应社会发展的生活实践技能。

学校从学生的真实生活和发展需要出发，将生活情境转化为实践学习，提升学生的生存、实践、合作、交往、创造等能力，培养服务精神和社会责任感等核心素养；同时，立足区域、学校实际，注重本土化资源的整合和利用，从自然、社会、自我三个维度出发，积极探索符合本校实际的课程资源。学校将校园中的一花一草一木均纳入资源教室教学探索的对象。

（三）公益活动与志愿服务

志愿活动本是指对社会奉献爱心的行为，如果从生涯规划的角度来看，它也可以是学生认识社会、完善自我、增长才干的一种途径。利用好志愿服务这个平台，可以克服生涯课程的局限性，从某种程度上弥补学生对本专业认知的不足。塘沽十三中学生一入学就已经有了自己的职业方向，因此在校学习阶段就有了解本职工作的需求，这种需求在书本中很难满足。通过开展相关职业的志愿活动可以让学生直接体验工作，零距离接触自己未来职业的工作内容、工作环境，体现自己的工作价值。通过这些直接的体验认知，不但可以发现自己与未来职业所需能力的差距，帮助自身更准确地找到成长方向，还能够在工作成就中增强自己的职业自豪感，增进对自己专业的热爱，坚定自己的职业信念。

学生在志愿服务、服务他人的过程中也磨炼了自己。首先，志愿服务是一种道德的重新建构，现代信息社会给予我们的负面新闻较多，学生心理还不成熟、认识水平有限，往往对自身道德产生不良影响。通过志愿活动，学生可以切身体会到社会正能量的存在，并且将这种正能量相互影响不断放大，在志愿服务活动实践中提升自己。

学生参与志愿活动使他们走出校园这个狭窄的圈子，有利于他们进行自我反思认清自我，在参与志愿活动过程中用自己的辛苦换来的一次次感谢、微笑、肯定，无疑能使他们悦纳自己。一次次的实践积累，学生将理想自我与现实自我统一起来，形成更加健康的人格。

相关专业的志愿活动，必然使自己的专业能力得到有效的提升。但志愿活动的能力提升作用远不止限于专业技能。在各种志愿服务过程中，学生不仅会用到自己所学的相关知识，如医疗卫生、科普知识、法律常识等，在解决实际问题的时候还会涉及到人际沟通、组织管理、团队合作、创新能力等技能。从长远看志愿服务活动必然在学生的生涯规划上起到越来越重要的作用。志愿活动能够与学生的知识、技能相联系，用自己的所学奉献社会的同时也锻炼了自己、提升了自己，对于社会和学生本人来说是一种双赢。塘沽十三中高度重视学生志愿服务活动，在学校内各部门形成一套完整的组织体系，为学生搭建平台，使这种志愿活动逐步推广、不断深化，最终形成具有特色的学生活动。

三、校本课程

通过对具有认知高度的学科，如语文数学外语是什么样的学科，将来有什么作用，怎么学好这些学科，学校开展了学科核心素养的学习和指导，先对教师进行培训，然后对学生进行指导。同时组织举办了学科竞赛，帮助学生对学科产生兴趣，然后开设一系列校本课程，如《塘沽史话》《趣味化学实验》《诗词鉴赏》等，提高学生对所学学科的认识，引发学生兴趣，并对学生将来的发展方向给予一个拓展和延伸。在国家课程开设的基础上，通过生涯规划的引领，同时也对学科课程进行引领，来完善对学生生涯规划的指导。

（一）组建团队，加强教师专业培训

本课程由校领导亲自挂帅领衔；德育主任组织、统筹、调动学生各项参观实践活动；年级组长、班主任等德育的中坚骨干力量参与课程的实施。专职心理教师负责课程设计、开发与整个过程的专业知识的培训指导与主要实施，同时学校还外请了相关专家，组建专家顾问团，对课程的开发与实施给予技术支撑。组织相关培训。首先，让教师明确本课程的价值与意义，以及开展职业生涯教育对于指导学生发展的重要性。其次，通过课程实施帮助学生了解自己的特质、兴趣、能力、认识不足，完善人格，勇敢面对，开创属于自己未来；在职业体验的实践中不断地鼓励学生尝试，思考。再次，明确指导实施的方法与要求，分配各成员的相关任务。

（二）明确分工，强化落实主体责任

心理咨询室设计课程框架，制定各单元板块目标，年级组来选择单元主题，班主任可以在单元主题下准备个性化的活动方案，根据自己的特长，选择领取某一个模块的内容，各自备课，在规定的时间内上交教案并实践。

（三）加强研究，提升课程实施质量

开展职业生涯教育专项主题式教研活动，通过不断实践、总结、反思、实践，形成具有塘沽十三中特色的课程实施案例。

1.课程实施路径的选择最初在课程形式设计时，更多是利用心理活动课平台来推动课程实施，这样受众面小。如何使课程进一步细化、立体化，价值更凸显。为此，我们发现其实学校本身就有很多好的传统项目活动，这些传统项目是全校师生共同参与的，只要我们将生涯教育的内容纳入传统活动中去，不仅丰富了学校的传统活动，更重要的是师生们共同开展实践，将生涯教育的理念渗透到日常的学习活动中。因此，学校将课程重新做了安排，心理活动课依然作为基础性辅导课，再加上生活课、阳光校本课、校内外的实践活动、家长职业生涯讲座、社区实践等组成的丰富多彩的形式，收到了良好的效果。

2.课程实施方式的优化选用了学生喜闻乐见的体验式方式。但是学生应该怎么体验，体验什么；在那么多活动中，怎样才能从宏观的角度将生涯的教育内容分层递进落实到位，如何将学生生涯教育的总的流程思想提炼出来，哪些活动可以穿插进来有助于实现这个目标；如何注重活动的过程体验，以及体验后的及时反馈；为此我们在设计活动时，依据目标和学生身心特点及个体经历创设相关的情景，让学生在做中学、学中思、思中悟、悟中行，在不同的体验中进一步拓展与生成新的经验学习圈。活动不仅要强调实践性和体验性，更强调活动的育人价值。经过多次的研讨与探索，现在我们所设计的活动变得更细致，更有深度；既面向全体又考虑分层，兼顾了不同层面的学生。

第二节
心理与生涯规划课程建构

人生是不断探索、不断认识自我并发展完善自我的过程。在个人生涯规划中，人的性格、兴趣、爱好、价值理念等心理因素发挥着重要的作用。塘沽十三中自觉建构心理与生涯规划课程，积极引导学生正确认识自我，帮助学生科学制定人生生涯规划。

一、高一年级课程目标、内容和生涯测评

高一年级关注必修课，生涯规划课程每周一课时。通过心理与生涯规划课，普及生涯规划基本概念，让学生树立生涯规划意识，掌握生涯规划基本方法。借助于生涯规划测试平台，对学生的兴趣、爱好、专业倾向等方面做了初步的调查和研究，针对每个学生的兴趣、智能、学习生活适应性、生涯发展水平等形成相应的数据报告。通过这些数据，有助于学生专业发展方向、未来职业的选择，为"六选三"选科工作打下了坚实的基础。

课程目标如下：了解个人发展与生涯规划的关系及其重要性；认识自

我、了解社会与职业、掌握获取职业信息的方法；制定出短期的个人发展目标，规划行动方案。培养积极、主动的生涯态度与信念；培养生涯规划的自主责任意识。统合生涯发展资源；整合信息完成生涯评估；运用生涯决策方法确立生涯目标；落实生涯行动。

高一的教学内容分为三个板块。一是了解自我：从各层面深入了解自我，包括性格、兴趣、能力、价值观以及自身潜能等。二是探索世界：对于世界的认识，尤其是职业世界。包括大学、专业、职业的信息收集和深入了解等。三是整合信息：通过相关决策技能，将对自我的了解与世界的认识结合，做出初步的生涯规划，并掌握实现该规划的相关能力。

高一年级要完成11个教学板块，分别是："适应高中生活""走进生涯""梦想起航""探寻自我之旅""兴趣是最好的老师""个人能力探索""生涯价值观探索""大学专业探索""职业认知探索""打造规划之塔""提升生涯智慧"。四个探究活动是："生涯人物访谈""参访大学""与学生面对面""制定我的生涯规划"。

为了完成生涯测评，学校构建了专业的网络平台，开发了该平台的三大功能。一是用于学生生涯发展测试，通过采集数据、数据分析，形成专业的测试报告，为学生的生涯选择提供可靠的数据支持。平台还提供了选科决策系统，依据学生的生涯测评结果，以及依据相关考试成绩和其他因素，为学生提供选科参考。二是为学生提供有关大学情况、大学专业、职业现状等与生涯规划相关的信息和资源，学生可以进行快速查询。三是提供了近三年天津地区高校专业录取分数线，以及全国关于选科选考录取情况，方便学生更有针对性的进行查询。

二、高二年级课程目标、内容和生涯测评

通过活动与互动，加强对学生核心素养的培养，学会承担责任，探索自我，挖掘自我价值与潜力，协助学生制定计划，学会有效应对复杂多变的情况。

通过活动与互动，培养学生逆商（AQ），引导学生掌握和提升自信的技巧，让学生健康地面对学习生活中的困难，提升学生自信心。

通过活动与互动，让学生了解自己不同时期的人生规划对实现人生期待的重要意义，培养学生进行选择与规划的能力，使自己的人生期待更加合理化、可执行化。

通过活动与互动，使学生了解大学学习生活的情况，了解大学的专业与未来就业的联系，了解未来求学、求职的多元化要求，以激励学生为实现理想而努力拼搏。

三、高三年级课程目标、内容和生涯测评

根据高三年级毕业班的特点，为学生提供有针对性的大学专业讲座、专业报考、决策冲突化解、压力调节、目标调整等相对专业的支持和指导。

在评价内容方面，要从学生对知识的掌握程度以及实际形成的职业发展规划能力两大方面进行评价。职业发展规划和实际生活是紧密联系的，需要评价学生的职业发展规划能力等情况。

在评价重点方面，采用过程评价和结果评价相结合的方式，应加强过

程评价。提倡每个学生建立成长档案，记录职业发展规划中的自我了解、职业了解和职业决策过程。

在评价方式资面，要采用定量和定性评价相结合的方式。对于知识可以使用考试等量化的评价方式；对于实际的操作能力可以通过学生自我评价、学生之间互相评价以及教师和学生的访谈等方式进行。

第三节
学科认知课程与校本课程建构

在实际学习生活中，许多学生对自我没有清晰明确的认知，对各种学科以及社会职业的认知也很缺乏。这对学生未来的学习和选择职业造成了一定困难。学校针对实际存在的现实情况，向学生开展了学科认知课程和校本课程，为提高学科认知提前扫除了障碍。

一、高一年级的学科认知

高一年级阶段指导学生对所学学科产生认知，培养学生的学习兴趣，提升学科核心素养；指导学生了解所学学科与大学专业、未来可能从事职业的关系，为选科决策提供参考依据。

同时，学校还在高一年级开设了必修课校本课程《塘沽史话》，立足实际，以学生为本，发挥地方资源优势，主要有"历史沿革""历史览胜""历史人物""历史风云""历史丰碑"五个专题，充分利用塘沽在中国近代历史中的特殊地位开展教育教学活动，使学生对家乡的历史有更深入的了解，爱自己的家乡、爱自己的国家，增强学生的使命感、自豪感，达到情感教育的目的。

不仅如此，学校在课程设置和教学安排上，根据学生特点将职业生涯教育作为一门课程列入高一年级教学范围。教师通过对高一年级学生讲解职业生涯相关的知识，增强学生的职业意识，更全面了解社会环境，帮助学生更好地把握未来的职业发展方向。

二、高二年级的兴趣引领

高二年级参考学生选科情况，开设相应选修II课程，作为学科课程的拓展与延伸，激发学生求知的兴趣，提高学生对学科的认识，挖掘潜力，拓展思路，为学生特长发展奠定基础。

在高二年级主要课程有"化学与技术""智慧与生活""地理与生活""生物科学与生活""面包板物理制作"等。

随着新一轮高考改革的实施，开展有效的职业生涯教育，尽早让学生发现自己的兴趣，展示自己的特长，能更好帮助学生选择更适合自己的专业。心理学研究表明，一个人的兴趣爱好从14岁开始趋于稳定，对于职业的爱好与价值观在高中阶段开始变得现实和具体。学校在高二年级对学生进行兴趣引导，正好满足了他们兴趣爱好定型和进行职业探索的需要，有利于帮助学生对自己未来的人生规划。

三、高三年级的志愿指导

高三年级阶段根据学生升学需求，开设大学专业及志愿填报等生涯指导课程。以讲座和模拟训练为主要形式，让学生了解招生考试政策及要求，开展志愿填报指导及模拟应聘职业岗位等活动。在进行职业生涯规划的时候，首先要让学生清楚地了解自己，对自我进行全面的分析，其中主要包括兴趣、性格、能力等方面，明确自己具备哪些能力，什么样的专业适合自己，要清楚自己未来想干什么、能干什么、该干什么。自我评估和自我认识是高三学生进行生涯规划的核心和关键。

（一）兴趣

俗话说：兴趣是最好的老师。浓厚的兴趣是成功的关键，如果对一件事情兴趣盎然，就会乐此不疲，创新不断。例如，有的学生喜欢组织、管理性质的活动；有的喜欢动手操作制作模型等。

（二）性格

一个人的性格与职业的适应性有密切的关系，性格没有好坏之分，一般来说，外向的人更适合选择能充分发挥自己行动能力和积极性的专业，如管理、法律、经济、市场营销等；内向的人更适合选择能够发挥自己的计划性、敏感性、逻辑性的职业，如研发人员、会计、技术人员等。

（三）能力

高中生的潜能在高三会初现端倪，有的人擅长逻辑推理，有的人擅长形象思维。这些潜在的能力和优势如果能够在专业上得到发挥，就会事半功倍。高三学生在进行生涯规划时，要将自身情况与志愿填报相结合，根据兴趣、性格、能力、外部环境等，分析出专业适配度。

1.个人主观条件与专业的匹配。从学习成绩、个人兴趣、性格、能力等方面，老师可以带领学生总结出完整的自我分析报告，再根据报告寻找和调整志愿填报目标。

2.外界环境与专业的发展。在进行志愿填报前，教师应指导学生充分了解大学专业的详细信息，包括该专业外部环境信息、专业发展现状、行业前景等内容，以便学生更了解自己所选择的未来目标。

在志愿填报环节，学生可以按照之前所设定的目标，选择自己要报考的专业，再根据专业圈定心仪的大学。需要注意的是，在报考中，学生应尽量选择录取机会高的大学，并准备多个备选方案，保证志愿填报时能顺利被心仪专业录取。

第四节
生涯规划综合实践课程建构

　　生涯规划教育要想取得实效，这是一个长期的过程；不是上几节课就能完成的，必须是全方位、多角度、渗透性强的实践活动；不能纸上谈兵，要扎扎实实脚踏实地实践体验。为此，学校做了大量的尝试探索并取得了良好的效果。

一、学科渗透课程

　　学生在学科学习中了解该学科的特点，以及学科所对应的专业和职业特征。学校每学期组织特色学科作业及学科竞赛活动，以培养学生学科兴趣，加深对学科的理解，提高学生学科学习能力。面向全体学生，开齐开足高中生生涯规划指导必修课程，并根据学生特点和需要，围绕高中生生涯规划指导内容开设选修课程，选修课与学科教学形成互补，突出指导的系统性和针对性。结合学校特点和学生实际，开发体现学校特色的校本课程，开设与学生发展相关的课程，对学生从理想、心理、学业、生活等方面开展教育，促进全体学生健康发展。

面向部分有一定特长和发展性问题的学生，开展个性化指导，有针对性地解决个别学生发展中的问题。注重学科教学渗透。结合学科核心素养，挖掘学科教学中可利用的高中生生涯规划指导因素，形成具有学科特色的高中生生涯规划指导方案，将高中生生涯规划指导和学科教学有机结合起来。

二、生涯主题班会

主题班会针对性强，可以围绕学生在成长发展中发现的困惑锁定主题，开展互动，而且实施效果便于追踪。重点围绕班团会的活动开展进行，组织召开以生涯规划教育为主题班会活动，围绕人生目标、自我认知、课程认知、专业选择、学习与未来职业的关系这几个方面进行探索与研讨活动。

根据整体研究，课题开设了生涯规划实践课程。高一年级重点开设了生涯规划主题班会，通过班会课的交流和讨论，探求和了解职业的需求特点和要求。后期学校德育方面还会开展对大学进行参观和专业了解，帮助高二学生对生涯规划进行梳理和高三学生志愿的选择，请从事不同职业的家长到校进行职业介绍，对生涯规划实践课程体系进行了丰富和延伸。

三、生涯主题讲座

学校拓展学生的学习渠道，拓展学生职业探索的领域，广泛借助社会资源，聘请社会人士、家长等来校根据所从事的职业进行生涯主题讲座，从职业基本特点、职业基本素质到职业成就及发展方向等方面与学生进行交流，加强学生对相关职业的认识，进一步确立未来职业发展方向。

四、学校社团活动

学生可根据自己的兴趣、爱好、特长自主选择，如摄影社、戏剧社、动漫社等，满足学生多元发展的需求。每周组织多姿多彩的社团活动，不仅丰富了学生的课余生活，而且帮助学生认识自我，激发学生潜能，提升综合实践能力。

学校还旨在通过艺术教育培养学生获得与感受生命力教育的能力，成立了艺体类社团，如合唱团、书法社、美术社、街舞社、跆拳道社、乒乓社、动漫社等，力争让学生在校期间能培养一种自己的兴趣爱好。除此之外，学校从选项课模块教学入手，根据各专项特点，编写体育与健康基础知识、田径、足球、篮球、排球、乒乓球、羽毛球等七个模块教学计划，学生可自愿选择。

学校坚持贯彻落实阳光体育活动，确保学生每天一小时体育活动时间，认真组织形式多样的大课间活动，通过整合现有资源，全盘统筹体育教师、运动场地和各种器材，上下午两次安排大课间活动，保证所有学生都能按计划参加体育锻炼。

五、实践基地体验

学生通过职业体验活动，可全方位立体感受不同的职业特点。如学校组织学生参观智能类的高科技公司，了解一些职业必备素养及未来发展与职业间的关系，为学生今后的专业选择及学科选择提供依据；学校指导学生利用寒暑假深入社区、相关单位等进行职业体验活动，培养学生的职业认知，开发职业潜能，培养生涯规划能力。

六、开展游学活动

"百闻不如一见"让学生走进高校，直观感受大学氛围、了解大学的专业，增强自身学习的动力，明确选课及生涯规划的目标。如学校组织学生前往天津大学、天津师范大学、天津科技大学以及天津工业大学等，让高中学与大学生面对面交流，了解大学专业的前沿信息，践行大学专业体验活动。

第五章
学生生涯发展指导实施步骤

生涯发展规划正是高中生实践自我概念与自我价值、统合其过去与未来所有心理层面的重要工具。学校一直引导学生要在高中阶段重视生涯规划及生涯发展，形成初步的生涯自我概念和较为明确的生涯发展目标，对于高中生今后阶段性发展具有深远意义。塘沽十三中通过引导学生探索自我，体会个人性格、兴趣、能力、价值观与择业的关系，讲解不同兴趣、能力所适合的职业；通过认识社会行业和职业生活的基本知识，探讨社会发展、家庭期望与职业需求的关系。强调学生要通过相关的学习活动，端正择业态度、提高生涯规划能力、培养创业精神、逐步明确职业生涯发展的未来目标、规划和行动方案，为职业生涯做好前期准备。

第一节
生涯唤醒与自我认知阶段

塘沽十三中开展生涯规划教育相关理论学习，确立生涯规划课程体系建立的理论依据，构建整体框架，做好具体实施方案。具体而言，高中阶段生涯规划属于生涯唤醒与自我认知阶段，其课程实施围绕人生目标、职业选择、自我认知、对高中课程的认识与选择等方面推进实施；加强对自我和职业世界的探索与认识，努力做到"四个了解"，即了解自己、了解职业、了解社会、了解目前学习与未来职业的关系，设计学生的生涯规划手册。

一、开发有意义的校本课程

科学合理的课程规划是保证生涯规划课程顺利开展的基础。目前，学校的生涯规划课程体系构建已趋于完善。

学校更注重从认识自我、自我性格特质检测、数据分析、发展方向及心理指导等方面让学生在参与中感悟、在合作中成长。学校还积极推进新课改下的课程体系建构，将所有课程的开发与设置，均以服务学生、发展

学生为宗旨。同时，学校依托名师工作室，探讨创新学生发展指导的科学
有效策略，并借助年级组、班主任、家长、专家等社会资源，开展关于职
业认知专题教育等多项活动。

二、实施有目的的实践活动

在高中阶段中引入生涯规划教育课程，开展一系列职业体验活动，可
以引导学生及早规划人生、理性选择职业，具有十分重要的意义。学校举
办的职业体验活动中包含了各种热门职业、热门企业的重要岗位、热门机
构中都有哪些职业等，学生通过了解、体验从业的工作状态，对相关职业
具备初步认知，对学生日后专业的选择和职业的思考将产生重要的影响和
积极的作用。对于学生来说，他们对目标更明确了，对专业更了解了，对
决策的决断和信心也增强了。

三、确立有针对性的学生导师

个别化教育模式，可以使学生正确认识自我、发展自我、完善自我，
并促进学生健康成长，促进学生选择合适的人生道路并为之努力，其突出
特点是发挥全体教师的优势，指导学生形成合适的学业规划、职业规划和
初步的人生发展规划，跟踪学生的成长发展轨迹，促进学生特长优势及个
性化品质的健康发展。

一是教师全员导师与教师全员培训结合，全员导师促进每个学生都能
得到个性化的发展；全员培训促进生涯导师提高生涯指导的专业水准。通
过校本培训、学时培训、网络自我培训及其他各种培训平台进行。二是生

涯导师在学校德育和教学总体安排下开展工作，并根据生涯发展所关涉的内容进行充实并深化。三是生涯指导按高一年级、高二年级和高三年级设置不同的内容。四是整体指导与个体指导相结合，以个体指导为主。五是学生的生涯指导需要与导师的指导方向合理对接。具体地说，学生根据自己的需要可以选择不同的导师，导师根据自己的特长指导不同的学生。

学生生涯导师工作以"以人为本"为理论基础，以促进每个学生健康发展为旨归，关注学生个性特长，把学生的个性特长与其课程选择、专业发展方向、人生发展方向联系起来，并为学生提供思想、学业、行为、心理等方面的辅导。

生涯导师围绕着以下三个问题开展工作：你是谁——帮助学生充分认识自我、个性特征、兴趣爱好、学业特长和学习优势；你想到哪里去——帮助学生建立学业目标和人生目标；你怎样才能到你想要的地方去——引导学生树立正确的世界观、人生观和价值观，指导学生正确选择课程，帮助学生明确实现学业目标和人生目标的路径和方法。

生涯导师需要不断进行自我学习，只有这样，才能使生涯教育成为学校整体教育的有机组成部分；生涯导师要积极参与学校德育和教学的重要活动，把生涯教育工作与学校德育和教学工作紧密联系起来。具体说来，以下方面内容是开展学生生涯指导工作的基础：

其一，弘扬社会主义核心价值体系，教育学生遵纪守法，培养学生自主、自律意识，养成良好的品德。树立正确的世界观、人生观、价值观，学会生活，提高生活质量。促进学生思想品德的养成，推进学生的思想进步。关心学生日常生活，帮助解决生活中遇到的困难，端正生活态度。

其二，定期与学生交流，激发学习动机，帮助学生了解自己的学习潜能和学习特点，指导学生端正学习态度、选择合适的学习策略和学习方法，指导学生合理分配学分，并根据自己的特点和志向制订学业规划。

其三，重视学生行为习惯的养成，教导学生遵守校纪校规，纠正不良习惯。教导学生正确处理各种人际关系，促进人际和谐。

其四，关心学生的身心发展和潜能开发，及时帮助学生消除和克服心理障碍。关注学生的心理健康和成长需求，辅导学生积极应对学习与生活中遇到的各种心理困惑。对学生思想和心理上的问题及时开导，对学生的不良心理倾向通过合适的活动方式积极疏导。

其五，积极与学生家长沟通，全面了解学生个性、心理、学习等各方面情况，引导学生逐步学会规划人生。引导学生恰当评价自己的特点和优势，分析现状和目标的差异，合理确立人生方向和奋斗目标，为其终身发展奠定基础。根据大学招生的类型，结合学生的实际情况，引导学生参与适合自己情况的招生；根据学生的个性特征和修业成果，帮助学生选择合适的专业和大学，使学生实现人生目标迈出合理的步伐。

四、确立有效果的选课指导方案及选课初步指导

学校利用"艾森克人格测试""MBTI职业性格测试""霍兰德职业倾向测试"等工具，与学生互相讨论选课想法，分享学生对自己的评价，协助学生恰当认识自己，引导学生扬长避短，发挥优势，弥补不足。根据大学开设专业的基本情况和发展情况，与学生讨论选课和职业发展、人生发展的关系。关注学生选课过程，及时了解学生选课情况和课程修习情况，

结合人生理想和生涯规划，指导他们更加科学合理地选课。

新高考在考试科目的选择上，由之前较为固定的文（语数外+政史地）理（语数外+理化生）分科模式，改为了"六选三"模式，即在政、史、地、理、化、生六科中任选三种进行自由组合。这一变革给予高中生更多的自主选择空间，逐步从"被动安排"向"主动选择"转变，有利于学生结合自己的志向、兴趣、能力等主客观条件形成效益最大化的选课组合，不同的选课组合直接影响了学生今后的大学专业的选择。

生涯规划也称为人生规划，是指个人与组织相结合，在对一个人职业生涯的主客观条件进行测定、分析、总结的基础上，对自己的兴趣、爱好、能力、特点进行综合分析与权衡，结合时代特点，根据自己的职业倾向，确定最佳的人生奋斗目标，并为实现这一目标付出行之有效的努力。在新高考背景下，通过开设生涯规划教育课程进而更有效地指导学生认识自我、规划职业生涯、精准选课，已经成为学校的一致共识。学校在生涯规划教育实施中应注意哪些问题，如何有效发挥生涯规划教育在指导学生选课中的作用，则显得亟待研究开发。

新高考模式意味着高中生将面临二十种选课组合。与此前在高考填报志愿时才需要做出专业选择相比，此时的选课事关如何选择大学专业范围和未来职业路径。把选择权交还给学生，但选什么、如何选才能体现学生的兴趣、能力、职业的有效衔接与融合，是摆在学生面前重要的难题。

学校通过开设生涯规划教育课程，对于高中生的选课而言，其重要目的就在于培养学生的自主发展意识，引导学生运用生涯规划知识和工具，立足于认识自我、发现兴趣、明确发展方向的基础上，自愿且合理地进行课程选择。

高中生涯规划课程在辅助学生选课方面发挥着以下积极作用：

（一）帮助学生认识自己

一方面是以职业生涯为中心，运用霍兰德职业兴趣分析、SWOT分析等工具，帮助学生认清当前自己——包括自己的性格、兴趣、爱好、特长、能力、优势、不足等倾向；另一方面要帮助学生用发展的眼光看待未来的"我"，进而理性地规划职业生涯。

（二）帮助学生认识社会

高中生普遍对社会参与较少、认知不深，通过生涯规划教育，帮助学生了解个人职业选择受时代与社会的影响，认识到个人发展与社会经济、政治、文化环境因素及具体环境因素的关系，理性审慎地将自身发展与时代所需、社会所需结合起来，做出正确的价值判断。

（三）帮助学生认识职业

高中生处在个人生涯的不定型阶段，其职业意识也处于重要的探索与形成时期。高中生涯规划课程要结合高中生的心理特征，帮助学生树立明晰的职业意识，形成基本的职业认知和生涯观念，认识职业倾向、职业选择、职业发展和职业生涯决策，拓宽学生的信息渠道。

（四）帮助学生认识专业

生涯规划教育要围绕具体学科实践展开，引导学生正确认识大学专业的研究方向和就业方向，厘清高中选课与未来专业取舍的关系，形成"高中选课—大学专业—未来职业—个人价值实现"之间的关联。

（五）指导学生做出正确生涯决策和课程选择

在生涯规划课程指导下，帮助学生提升生涯决策能力，实现目标专业与学业决策的高匹配，从而经过自我探索和分析后把职业生涯理想转化为实施决策，进而激发学生自主学习、自主发展的内驱动力。

要增强高中生涯规划教育对学生选课指导，应将学校的教育与学业、考试部门的考试与成绩、高校的招生与就业，三者紧密结合起来。因此，在生涯规划教学上要善于"借势"，创新形式，不拘一格，形成具有本校特色的生涯规划教育模式。学校专门从高考政策、成绩构成、素质评价要求等方面增强学生生涯规划教育的针对性和实效性；与高校的招生考试和就业结合起来，在生涯决策、选课时引导学生初步确定目标院校、目标专业，指导学生结合具体的高校、具体专业的要求而确定选课。学校在多年的实践中不断提升生涯规划课程的系统性和教学效果，有效地发挥了生涯规划教育对学生选课的指导性作用。

生涯规划教育课程是一门综合性学科。学校结合不同的年级安排相应的教学内容，保证课时数和师资水平。高度重视生涯规划教育的教学效果，增强授课内容的知识性、实用性、趣味性，采用互动式、体验式、分享式教学，组织学生到本地知名企业参观，采取邀请专家、企业管理者、知名人士举办讲座，活跃课堂氛围，引发学生共鸣，增强授课意义。同时，学校指导学生认识到高中阶段的选课是人生发展中的一环，在未来的生涯发展中还要通过不断变化的社会环境适时修正个人规划，推动个人的全面发展和价值体现。

第二节
教育认知与职业探索阶段

高二年级生涯规划属于教育认知与职业探索阶段，课程实施主要是围绕对大学专业、高考要求、自我管理指导等开展、开发与开设生涯规划课程，学生通过选修适当的课程和参加相关的活动，进行一定的职业训练，开发自己的潜能。

一、源自学生真切需要的校本课程

新课改三级课程的设立，使地方课程和校本课程拥有更大的自主选择权和决策权，使课程向多样化发展。许多学校在此趋势下结合当地特色，开始探索有利于学生身心发展和教师专业化发展的新途径：要突出学校特色的校本教育。校本课程是学校根据自己的教育理念，在保证国家和地方课程基本质量的前提下，在对学生的发展需求进行系统评估的基础上，充分利用学校现有的课程资源条件，通过学校制定的校本课程规划纲要，组织教师充分运用课程资源进行研究、设计，或利用校外课程资源等开发可供学生选择的多样性课程。

校本课程是塘沽十三中课程体系的重要组成部分，是国家课程的延伸和补充，学校根据自身教育理念，充分利用学校课程资源，在对本校学生的教育需求进行科学评估的基础上，开发设置好校本课程。校本课程的有效实施，既能充实和丰富教学内容，又能满足不同学生的发展需要，对学生知识结构、智力发展及能力的培养，尤其对实践能力和创新能力的培养有积极的促进作用。

（一）从学生的年龄学段出发

校本课程的开设目的是让学生在知识、能力、品质、个性等方面得到更加全面的、可持续的发展，使学生的发展有更广阔的空间。校本课程从学校实际出发，科学规划设置，特别在实践性、探究性、特长培养等方面注重课程的有效开发和实施，是对必修课程的有益补充。教育心理学家杰罗姆·布鲁纳（Jerome Seymour Bruner）说："学习的最好刺激乃是对所学材料的兴趣。"根据学生已具备的课程接受能力、兴趣爱好，校本课程应打破原有班级授课制，设置相应校本课程主题，符合学生的"最近发展区"，这样校本课程既能适应学生的兴趣爱好，形成体系，又能更好地促进学生个性和能力循序渐进的发展。

（二）从教师的专业特长出发

校本课程的核心思想是以尊重人的个性发展为根本出发点。从学校整体层面上来说，校本课程的顶层规划设置必须考虑学校师资的实际状况，从学校教师的整体专业素质与特长的实际出发。从教师层面上来说，学校要求教师在开发校本课程时，在主题选择方面必须以学生需求为本而不是仅仅考虑自身专业的特长优势，同时，教师还要把自身专业的优势与不同层次学生的需求结合起来。每一门校本课程的开发，教师必须对该课程具有认识理解和指导能力，能够引起学生的"情"与"趣"，从而发展学生的知识、能力、个性、特长。相反，如果教师对开发课程的主题没有显著的特长或深入的研究，就得不到学生的共鸣，学校的课程规划和相关课程设置也就不可能付诸实现。

（三）从学校的课程资源出发

课程资源也称教学资源，就是课程与教学信息的来源，或者指一切对课程和教学有用的物质和人力。从课程资源的本质来看，首先，课程资源必须能够保证课程的顺利实施；其次，课程资源必须具有教育性，能够促进教育目标的实现。校本课程要依据学校的资源设施等客观条件而设，否则，拟规划设置的校本课程不能实施落实，反而会对学校课程建设起到一定负面作用。同时，还必须充分发挥教师的主观能动性，多渠道挖掘和开发课程资源并合理利用，因地制宜，主动创造条件，如社区课程资源、地方人文特色资源、学生家长特长资源、与学校共建单位资源等，拓宽课程资源的视角，使课程资源成为教师和学生共同成长的助推器。

（四）从学生的成长需要出发

校本课程的设置、时间安排需考虑学生升学实际需要，基于这一现实，学校尽可能地把必修课与校本课程两者统筹起来，让校本课程作为必修课的有益补充。如在课程时间安排方面，校本课程的上课尽可能集中，这样可以减少对必修课教学的干扰。在实施校本课程方面，开设具有学习探究、知识拓展、分析运用等方面的课程，这样既符合学生的需求，又能对必修课程的内容进行拓展探究、实践体验等。学校还兼顾学生升学和培养综合素质两方面，既形成对必修课程的有效补充，利于学生对必修课程的理解和运用，又满足了学生的兴趣爱好，利于培养学生的实践能力、创新精神及实用技能，为他们今后的生涯规划奠定基础、提供指导，未来进入高校继续深造做好知识能力和个性特长等方面的准备。

从课程开设的价值出发。校本课程开发的最大价值是能促进学生成才、教师成长、学校发展，无论是国家课程、地方课程还是校本课程，课程的设置都是为培养目标服务的。校本课程的开发首先应考虑对学生成长的教育价值，所开发的课程要适合学生的需求，有效促进学生的个性特长培养和提升能力素质。其次学校还应考虑到，校本课程是国家课程的延伸和补充，而不是国家课程内容的重复。与国家课程差异化的同时又能满足学生个性化、多样化的发展需求，才能真正体现校本课程的价值。

二、阳光护航心理健康助成长

高中生的心理问题来自四个方面：一是高考。学生的学业压力在很大程度上不是来自自己，而是来自家庭和社会。学生一直在升学压力下成长，在高中时期达到了顶峰；二是家庭。家庭成员都在关注学生的学业，对学生有很高的期望值；三是学校。一些学校为了成绩和荣誉，对学生施加一定学习压力，学生既是受益者，又是承压者；四是学生个体。他们一方面希望自己能够满足各方期待，另一方面又需要独立自主，这种矛盾的集中，为学生的心理问题提供了充足条件。

（一）深入"基层"，了解学生

教师必须能够准确抓住学生的心理问题根源，从本质入手，而不是仅仅追求对心理问题的表面"消灭"。在开展心理指导之前，教师要对每一名学生的生活、环境、学习等方面进行深入准确的了解。走到学生们当中去，与他们做知己、做朋友，让自己成为他们倾诉心声的可靠"盟友"，从而得到来自他们内心最真的信息。此外，还应从其生活环境中寻找心理基点——学生家庭。通过与学生家长交流，了解家庭环境、家长素质等，这是分析学生心理最可靠的资源。

（二）"三观"指导，夯实基础

三观正，则心正。视角不同就有不同的解释，从高中生心理角度看，"学习观、高考观和发展观"是需要重点照顾的"三观"。教师必须给予学生正确的"三观"指导，让学生跳出对学业前景的非理智追求，让他们从人生长远发展的视角去审视自己的高中生活——让他们放开"高考"这一狭小门径，从开阔的角度去面对自身的成长，从而使自己能够理智地看待高考。教师要为学生指明高考只是"阶段性"目标，而不是终点。

（三）师德为先，爱生如子

有些教师喜欢用简单直接的方式 "管理"学生的心理，这不仅起不到对学生心理的有效指导，反而会加深学生对"压力"的关注，因此，应以情感引领为抓手来进行心理指导，教师要发自内心地用一颗爱心去面对学生。从学习生活的每个细节去帮助他们、照顾他们，使他们能够体悟教师的真诚，从而实现师生间的相互悦纳，这也就是开展心理指导的基础支点，如果没有教师的品质魅力和真实的爱为先导，学生很难接受教师的理念。

（四）同龄共情，以生化生

教师对高中生来说，不仅是教育者、管理者，还是长辈、朋友，教师可以利用同龄人间的共情感，用学生来指导学生、用学生来感化学生。这就需要教师有意识地组建学生指导团队，从成绩优异的学生中发现和培养具有影响力的学生，通过安排班级职能工作、分组结合等，让他们用正确的观念和行为范式来影响其他学生，实现间接的心理指导。

（五）尊重学生，单独指导

高中生普遍具有极强的自尊心，特别是一些已经出现心理倾向的学生，则更应关注他们心理需求。对待学生的问题，特别是心理问题，应掌握当面鼓励、背后指导的原则。即发现学生亮点要在班级中进行表扬，将其阳光心理进一步强化；而对其负面心理，则要将学生带出集体空间，教师私下对学生进行心理上的单独指导，充分保护和尊重学生的自尊心。

三、发挥实践育人功效

学生在学校学习的知识大多数以理论为主，接触的实践少，因此学生的实践应用能力相对较弱，无法与求职单位所需能力相匹配。最好的方法就是让学生"走出去"，让学校和用人单位联合培养人才，让学生多了解社会，认识行业的实际情况，这样可以避免学生毕业时出现心理预期和实际社会需求脱节的现象。

大学专业是高等学校根据社会分工的需要而划分的学科门类。正确的专业认知是形成积极的专业情感和专业态度的基础，影响学生的专业意识以及从业后的职业表现。学生对自己所学专业的正确认知才是提高学习主观能动性的必要条件。学生可从公开媒体、授课教师、专业导师、实践活动等多方面获得相关信息。他们对专业的了解和认知一般来自各所高校在公众平台上公布的专业信息，专业信息有着目录性的指导作用。

学校借助生涯规划平台，将生动、详细的专业介绍发布在信息平台上，学生可以从学校的信息平台上了解到相关专业的最终培养目标、主要的专业课程以及渐进式的培养时间轴等，有效帮助学生形成准确的专业认知。

目前，国内大部分高校的招生网站上只罗列了专业名称、学科级别以及录取分数线，对专业的具体培养模式介绍较少，这给许多学生造成了误解，懵懵懂懂地开始了大学生活。同时，学生报考志愿通常具有一定盲目性，往往缺乏对未来的规划。为了避免让学生出现这样的情况，学校从高一年级开始有意识地让学生了解、接触大学的课程，让学生在选择专业时，尽量满足自己的人生意愿。

四、选课走班实施管理制度及实施

传统模式下的普通高中是按照国家课程设置方案实施，使用的是全国统一教材，实行以班主任为标志的行政班管理方式。全国统一的学习资源可满足大部分学生的需求，也必然造成一部分学生"学不饱""吃不饱"，另一部分学生"学不懂""吃不透"的情况。

在班主任管理下的行政班以行政管理为特征，体现的是明确的教育管理思想而非引领教育思想，而导师制下的选课走班则是以导师团队为组织形式、双向选择的学习团体，成员之间更多的是帮助、陪伴与引领，体现的是明确的育人育心的思想。选课走班的授课形式如果在传统学校相对单一的课程资源下意义是有限的，只有建设丰富、可选择、多元化的课程资源才能赋予选课走班更多的内涵。

因此，为学生设置丰富的课程资源是学校提供的最基本的产品，也是选课走班最主要的保障。丰富的课程使学生具有更多选择的权利和承担责任的义务，学生主体意识得到彰显，进一步让学生在选择与责任中确定自己的职业理想与人生追求，为形成终身学习的能力奠定了基础。《中国教育现代化2035》明确指出："就推进课程建设中，鼓励普通高中开设选修课程、职业课程，探索开设大学先修课程，加强与高等教育、职业教育的衔接，大力推进高职衔接、普职融通……"

学校的课程设置是基于学生对未来的需求而规划设计的，学生不断选择的过程就是一个不断规划自我发展路径的过程，厘定自己的专业选择和职业规划，是选课走班对学生个性化发展的意义所在，也是学生自主能力培养的关键在。学校精心组织丰富的教学资源和充足的教学力量，打破了以教为主的传统课堂教学模式，不断生成自主研修、以学生学为先行的课堂模式。学生借助教师提前编写的、囊括课程重难点的课程细目，主动提前研修学习内容，在课堂上通过前诊诊断自学结果；教师则根据前诊了解学生自主研学的情况，再制定课堂学习内容，有针对性地安排学生的学习任务，通过对重点内容进行互助式学习、个别化学习，在课程结束后进行后测，检测课堂学习效果。这样，用"细目—读本—诊断"做支撑的自主学习使学生的自学更有抓手、自研更有方向，学习任务更清晰、学习效果更易测量，学生的自主学习能力得到不断提升，学生自我发展的意识得到了课程资源和课堂实施的双重支持。

第三节
生涯规划与管理阶段

塘沽十三中着力开发生涯教育资源，为学生个性化发展提供体验平台，引导学生对生涯进行积极有益的探索。高三年级生涯规划属于生涯规划与管理阶段，主要是围绕升学目标、高考政策与要求、录取规律等课程内容实施的，旨在指导学生进一步调整与优化发展目标，学习并掌握选择的方法，提高生涯规划能力，总结提炼，撰写研究报告，形成论文、校本教材等研究成果。

一、积极探索适合学生的校本课程

（一）了解职业世界

进入高三年级，学校的生涯规划课程也迈入新的环节。作为"生涯探索"的重要阶段，职业探索是在自我探索的基础上进行深入融合。学校在这一系列课程中，引领学生走进职业之林一探究竟，把自我特质与能力融入职业世界中，帮助学生探寻如何把握专业院校、如何通过各种渠道接近自己的目标，让付出有收获。如开展"了解职业世界"特色课程，学生了解如何填报志愿、专业怎样选择、自我管理怎样做……学生通过在校的学习，最终都能慢慢熟悉掌握。

高中阶段正是学生世界观、人生观、价值观形成的关键时期，既要让学生埋头学习，为人生理想拼搏；又要抬头看路，认清自我需求，掌握人生规划。生涯规划教育使学生自我发展和自我规划意识得到提升，提高了生涯规划能力和生涯探索的主动性，增强了他们的自我效能感和自我价值感，同时增进了高三年级学生专业选择的方向性和自主性，学生的综合素质得到发展。

（二）价值引领，完善指导

随着"为每个学生提供适合的教育"写入《国家中长期教育改革和发展规划纲要（2010–2020年）》中，适合的教育成为我国教育改革的重要价值取向。而依托于将知识与技能融合并按照一定的培养方案传递给学生，为在生涯教育中实现适合的教育提供了可能。

生涯规划教育不单单是选课选专业的指导，更课程涵盖了学生在环境适应、自我认知、心理健康、学法指导、人生规划等多个层面的内容，是完善的指导体系和心理支持。通过开展生涯规划教育课程，学生在自我认识、专业了解和合理选课等方面都有了科学的认知和合理的方向，使学生根据自己的兴趣爱好、能力倾向找到了更加适合自己的发展途径和升学渠道，步入了自己心仪的大学和专业，踏上了实现自己人生价值的道路。

二、树立职业目标的心理辅导

学生较成熟的职业理想是在大学期间才形成的。由于生涯心理指导被冷落，"产生了一个亟待解决的现实困境，即高中毕业生盲目选择的问题不是个案，而是一个普遍存在的现象"。华东师范大学有一项对学生的调查显示多数学生对所学专业感到"后悔"，有的学生填报大学志愿时没有考虑过将来可能从事的职业，学生对所学专业不满意，有的学生则表示"希望重新选择专业"。一个人的生涯发展是持续不断的过程，对生涯的探索是基于一个人终生发展的全过程。对于学生来说，大学专业以及未来职业的选择可看作生涯发展中的一部分，如何经营自己有意义的人生才是生涯心理指导关注的更重要的问题。

学校在高中生的心理咨询中发现，学生对于"人生""未来"等方面的困惑及思考所占的比重越来越大。"我竭力让自己把精力放在学习上，学习成了我唯一的追求，但我觉得活着好累。""我现在很迷惘，对生活总有一种虚无感。""我对生活产生了厌倦，对生命也没有了追求，觉得活着索然无味，怎么办？"高中生普遍存在这样或那样的生涯心理问题，主要体现在对人生意义的迷茫与追寻，找不到奋斗的目标，他们将升学变成人生的唯一追求，他们不知道自己的奋斗目标、能力特点等，不能客观评价自己、认识自己，盲目地选择与决策，习惯于听从家长的安排，缺乏主见，缺乏生涯规划与管理的能力，以及缺乏对职业和未来的思考与了解。

高中是学生发展的重要阶段，学生的自我认知进一步发展并逐渐成熟，同时他们的学习任务也更加繁重，同时面临着诸多的选择，如选科、升学、就业等，他们来到了一个人生的十字路口，他们渴望有人帮助他们走出迷惘，解决困惑。生涯心理指导是指教师在了解学生个人潜质、兴趣和特长的基础上，以个体的心理发展规律为依据，以个体的生涯发展为着眼点，以学生需要为出发点，引导学生了解自我、明确生涯发展方向，培养他们生涯发展所需要的能力。对学生进行生涯心理指导的最终目的是"让每一个人能享受成功及美满的人生，过上适合自身特点的美满生活"。

生涯教育主要集中于自我认识、人际关系、职业发展、人生规划四个方面的知识能力的获得以及态度、价值观的形成。一般说来，生涯心理指导的内容包括以下方面：自我发展，认识个人的能力、兴趣、需要、价值观和态度，明晰自己的人生意义及生涯方向，唤醒学生对自己生涯发展的责任感。生涯觉醒引导学生认识生命的意义与角色，在不断体验自我潜能开发的过程中领悟生涯发展的积极意义。生涯探索了解不同类型的职业和职业需要的知识和技能，感知不同职业的不同生活方式。生涯决策根据自己的特点和社会需要进行选择。生涯管理要确定目标，考查自己的进步情况，管理自己的时间等。指导是一种服务，其出发点是学生的需要。

高中生的生涯心理需要在整个高中阶段有所差异，指导的重点也会有所不同。生涯心理指导的重点：在于帮助学生全面了解自己的个性特质和能力倾向，学会选科，初步进行人生规划；在于了解职业以及职业定向修正，帮助和指导学生学会生涯管理；在于指导学生了解高校和专业特点，为未来填报志愿做准备。"指导"也是一种引领，从关注学生现实性走向开发可能性；"指导"应基于每天的生活，基于学校的实际情况，基于学生的"最近发展区"。

学校对学生进行生涯心理指导有多种途径，如教学渗透、班会活动、团体辅导、个别咨询以及社团活动等。其中开展主题活动是学校对学生进行生涯心理指导的重要内容。一是学校活动。如组织名人课堂，让他们讲述自己的生涯故事，给学生指明一个前行的方向和学习的榜样；组织各类社会实践活动，让学生走进企业、单位，了解各行各业的工作特点和方式。二是班级活动。如主题班会，着眼学生高中三年的生涯发展关键阶段，对其进行系统的规划设计。三是课程教学。如学科教学，结合学科特点，融入学生生涯心理指导等方面的内容。四是系统教学。如研究性学习，通过项目学习的方式，让学生自己就生涯发展中的问题进行小组研究。五是文化体验系列。如学生社团、公司体验等，意在让学生在活动中完成体验过程。六是利用墙体宣传。在教室、校园中的宣传展板安排生涯指导的相关内容。七是咨询指导系列。团体咨询指导，定期推出咨询专题，以工作坊的形式接纳有类似困惑的学生参加。八是个别咨询。指导学生个别生涯心理的问题咨询指导。

心理学家爱利克·埃里克森（Erik H Erikson）认为，青少年正处于自我认同和角色混乱期。学校结合这一时期学生的心理特点和需要，尝试采用家庭职业树的方式对学生进行心理辅导。

第一，以树状排列的形式绘制出家族三代成员的职业。学生本人的职业选择填在树梢处，将家族成员的职业分别填在树干上，再将职业的共同特点填于树根处，与学生共同讨论这棵"职业家族树"，说明家庭成员的职业选择与生涯发展对学生本人今后职业选择的期待和影响。

第二，生涯访谈。在学生初选定职业方向之后，让学生与从事该职业的社会人士、家长或亲友进行谈话，了解这个职业的实际工作情况，以及该职业对其生涯发展的影响。

第三，生涯幻想。让学生在充分放松的情况下，对未来的职业生涯进行畅想，就幻想里出现的信息进行讨论，以说明学生的职业兴趣与职业选择。一个人进行生涯选择时，其价值观是重要的决定因素，价值澄清很有必要。价值澄清的方法有很多，如澄清反应、价值表决、价值排队、公开提问、生活馅饼、魔术箱法、展示自我法等。

第四，运用"生涯平衡单"。帮助学生具体地分析每一个可能的选择方案，权衡各种方案实施后的利弊得失。自我物质方面的得失，他人物质方面的得失；自我精神方面的得失，他人精神方面的得失，最后根据不同的权重进行量化比较。

三、"我的大学我的梦"实践活动

（一）选对专业、入对行、从对职

针对高三年级学生普遍缺乏长远规划的现象，学校举办了以"我的大学我的梦"为主题的一系列课程，如"我的生涯我做主""气质探索""职业性格探索""职业兴趣探索""职业价值观探索""了解职业""有效的决策行动""规划生涯之旅"等，让学生深入地了解自己和未来从事的职业，明确目标和近期努力的方向，为其将来选对专业、入对行、从对职，拥有成功、幸福的一生奠定了基础。

（二）跳出学科，走出课堂

学校充分创造各种机会，让学生跳出学科，走出课堂，参加各种职业实践活动，了解职业和社会需求。如开展"生涯微视频"设计大赛，让学生对自己感兴趣的职场人物进行职业生涯访谈，并制作成微视频；组织学生到不同行业中进行职业体验活动。带领学生走进大学校园，进行大学专业访谈，了解专业的招生人数和分数线、专业学习内容、就业等方面的信息；借助名人进校园、家长会、校友回校交流等契机，开设生涯讲座，分享职业经历；利用寒暑假，安排学生跟随父母一起工作，进行职业体验，让学生通过一系列的活动锻炼自己的个性，发现自己的特长。

"决定你命运的不是你面临的机会，而是你自己做出的选择。"通过学校、家长和学生的共同努力，让学生在对自己的职业生涯的主客观条件进行测试、分析、总结研究的基础上，对自己的兴趣、爱好、能力、特长、经历及不足等各方面进行综合分析与权衡，结合时代特点，科学地选择专业，制订个人修习计划，选择适合自己的最佳的职业奋斗目标，并为实现这一奋斗目标做出行之有效的规划。

第六章
学生学业发展指导和生涯规划指导

　　庄子曰："吾生也有涯，而知也无涯。"生涯教育贯穿于人的一生，让学生更早的认识自己、发掘潜力优势、实现多元发展、树立成长目标是势在必行之举。在有生命力教育的生涯规划教育教学实践中，塘沽十三中编写的《学业指导手册》《发展指导手册》帮助了学生和家长解读高考政策，指导了学生选课，并且让学生发现自己的优势，指导学生科学地对待综合素质评价及学业水平测试，鼓励学生积极参加生涯综合实践活动，在这些过程中发挥了积极的引领和重要的作用。

第一节
制定《学生学业指导手册》

为了让刚刚步入高中校门的学生能够尽快适应新的学习环境和学习要求，更好地应对新的招生考试政策，学校充分立足校情学情，编写了《学生学业指导手册》，该手册在学生进行生涯规划教育中起到了重要的作用，受到学生们一致的好评。

一、制定《学生学业指导手册》目的

学法指导的具体目的，就是要为学生创设良好的学习条件和环境，使学生掌握科学的学习方法，逐步形成独立学习的技能。具体来说有以下方面：

（一）学习条件最优化

具体要求：第一，在学校、家庭中创造良好的学习环境，包括物理环境和人际环境。物理环境包括温度、光线、噪音、布置等要符合学习卫生标准；人际环境指有平等、融洽的师生关系、同学关系、父母与子女关系。第二，创造良好的学习条件。包括笔墨纸张等个人的学习条件，以及学校图书馆、实验设备等学习条件，要求齐全、省时、方便。第三，学生要有良好的身体素质和心理素质，身心健康。第四，教师要有较高的教学水平。

（二）学习过程最优化

学习过程主要包括自我计划、课前预习、认真上课、课后复习、课外作业、系统总结等。要求各环节不可忽视、遗漏，形成周期性良性循环，同时，各环节都要讲究方法、技巧。好的方法必然使学习过程达到优化。

（三）逐步形成自学技能

第一，形成自学的组织技能，如拟定学习任务、合理规划、安排时间，创造条件，进行总结。第二，形成自学的信息技能，比如查阅目录索引，使用工具书，使用信息技能等。第三，形成自学的智力技能，比如接收信息，合理识记，理解教材，独立思考等。

二、制定《学生学业指导手册》主要内容

（一）天津市深化考试招生制度改革实施方案

为深化天津市考试招生制度改革，根据《国务院关于深化考试招生制度改革的实施意见》及中华人民共和国教育部相关配套文件要求，结合天津市实际，制定了实施方案。全面贯彻党的教育方针，坚持立德树人，适应经济社会发展对多样化高素质人才的需要，以有利于促进学生健康发展、有利于科学选拔各类人才、有利于维护社会公平为基本出发点，按照国家总体要求，深化改革，构建更加公平公正、更加科学高效的考试招生制度，为办好人民满意的教育提供有力支撑。

1.坚持育人为本。遵循教育发展规律和人才成长规律，坚持正确育人导向和素质教育导向，扭转片面应试教育倾向，减轻学生过重的学习负担。推动高中教育多样化特色发展，增强办学活力，为学生全面、健康发展创造更为有利的环境。

2.确保公平公正。把促进公平公正作为改革的基本价值取向。加强组织领导，强化宏观管理，完善制度措施，健全监督机制，切实保障考试招生机会公平、程序公开、结果公正。

3.促进科学选才。遵循人才选拔与培养规律，科学评价学生的综合素质与个性特长，增加学生的选择权。增强高校与学生相互选择的多样性和匹配度，促进每个学生健康成长。

4.加强统筹谋划。系统设计关联基础教育与高等教育的考试招生制度改革，统筹实施教学、考试、招生和管理的综合改革，做好各项改革的衔接配套工作，积极稳妥推进，分步渐进实施。

（二）天津市高考综合改革详解

天津市高考综合改革的总体目标：到2020年基本建立科学、公平，符合教育规律，顺应发展要求，具有天津特点的分类考试、综合评价、多元录取的考试招生模式，健全促进公平、科学选才、监督有力的体制机制。改革的主要任务包括五个方面：

一是改进招生计划分配方式，进一步促进机会公平。二是改革考试形式和内容，更好地引导素质教育，促进学生健康成长。三是改革招生录取机制，规范高考加分、自主招生，完善高校招生选拔机制，改进录取方式。四是改革监督管理机制，加大信息公开力度，加强考试招生全程监督。五是启动高考综合改革，改革考试科目设置，探索依据统一高考和普通高中学业水平考试成绩、参考高中生综合素质评价的多元录取机制。

高中学业水平考试是检验学生学习水平、促进学生全面健康发展、避免严重偏科的一项制度设计。本次改革进一步提升了考试的公平性、规范性、安全性和科学性。一是学业水平考试范围覆盖国家规定的所有学习科目，引导学生认真学习每门必修课程，避免发生严重偏科。二是继续坚持全市统一命题、统一组考、统一评卷，完善考试管理办法，确保考试安全有序、成绩真实可信、评价更加科学。三是合理安排考试时间，为高中学校和学生自主选择学习课程和考试时间创造条件。

（三）天津市完善普通高中学业水平考试的实施办法

为适应深化高中课程改革和考试招生制度改革的需要，根据《国务院关于深化考试招生制度改革的实施意见》《教育部关于普通高中学业水平考试的实施意见》《天津市深化考试招生制度改革实施方案》相配套，出台本实施办法。

1.指导思想与原则：坚持素质教育导向，实行全面考核，促进学生认真学好国家规定的每一门课程，实现全面发展。坚持突出自主选择，为学生提供更多自主选择机会，减轻学生过重的课业负担和考试压力，促进学生发展学科兴趣与个性特长。坚持深化课程改革，推动高中学校改进教学现状，促进高中教育多样化特色发展。坚持统筹兼顾，与高等学校考试招生、高中生综合素质评价等改革方案同步推进，促进高中和高等学校提高人才培养和选拔水平。

2.考试科目类别与内容：《普通高中课程方案》所设定的科目均列入

普通高中学业水平考试范围。学业水平考试命题将紧密联系社会实际与学生生活经验，在全面考核学生基础知识和基本技能的基础上，注重加强对学科核心素养的考查。学业水平考试分为合格性考试与等级性考试。合格性考试内容以国家发布的普通高中课程标准中必修课程的规定及要求为依据，引导学生全面发展，避免过度偏科。其中语文、数学、外语三门科目，参加统一高考的学生，可以用统一高考科目考试替代相应科目的合格性考试，替代办法依据学生统一高考相应科目的卷面成绩、试卷难度及合格学生比例综合确定。等级性考试内容以国家发布的普通高中课程标准中的必修和选修课程的天津市新课程文件规定及要求为依据。学生在完成必修内容的学习，对自己的兴趣和优势具有一定了解后，根据报考高校的要求和自身特长，在思想政治、历史、地理、物理、化学、生物六门科目中自主选择三门作为等级性考试科目。

（四）学校课程体系与落实学校育人目标、彰显办学特色的衔接点

新的考试招生制度下，课程改革把促进学生健康成长成才、提高核心素养作为改革的出发点和落脚点；把增加学生的选择权、促进科学选才，作为高中深化课程改革的重要价值取向和改革目标。积极推进高中课程多样化，构建生涯规划课程体系，加大力度开展高中生涯规划教育，从而有利于学生实现共同基础上的个性化发展。高中阶段是基础教育最后一个阶段，是学生身心走向成熟，形成正确价值取向、适应未来社会发展需求的重要时期。这个阶段，学生自我意识逐渐增强，需要通过各种活动对自身能力、兴趣进行思考，做出重要的人生决策。

学校的办学特色是做有生命力的教育，办学目标是"人人成才"，在

深化教育改革的今天，学校需要把教育的发展与师生的发展联系起来，让教育成为一种生命力。有生命力教育是学校办学理念的体现、彰显和物化，其宗旨是"一切为了学生的发展"。

三、《学生学业指导手册》发挥的作用

（一）指导学生制订学习计划

如果想要成为学习的主人，就必须制订学习计划，计划的好坏直接关系到学习的成败，因此教师要指导学生懂得学习计划对于学习的意义。计划的内容包括目标与任务、完成目标的具体措施、时间安排与力量分配等。在学习上，既要有长期规划，又要有短期安排。长期规划是从整体上根据主客观情况确定阶段学习的目标和重点，一般以一个学期为宜。短期安排要具体到每周每日的学习，这一周要完成什么任务，学习多少小时，以什么为重点，都要有详细明确的安排。每天晚上睡觉前要对当天所做的事情进行简要的回顾，看看是否完成了既定的目标。同时对第二天要做的事提前计划好，即先做什么、后做什么，复习哪个科目、看哪些内容等。如果学生每天能够花十分钟做这项工作，长期坚持下去，定会受益匪浅。

（二）指导学生科学运筹时间

如何把有限的时间投入到无限的学习中去，除了合理制订计划外，还要学会科学运筹时间，这是学习方法的重要组成部分。有的学生认为每天上课、做作业、睡觉，时间安排得很紧，其实不然，面对相同的时间，善于运用的人，会有更多的收获。

教师在指导学生运筹时间时，应注意以下几点：首先，要指导学生善

于抓住学习的最佳时机。也就是说，要把时间和心境、生理变化等因素结合起来考虑，同样的时间，由于心理状态不同，学习效果也不一样。心境平和的时候，学习效率高；情绪波动时，学习效率低。另外，在一天内，人体的生理机制会发生一系列的变化，并相应地影响人的各种能力。我们如果按这种规律合理安排学习生活，就可以高效率地利用时间。如早晨用于背诵外语，下午学习轻松一点的科目，晚上用来攻克难题，都往往会取得较好的效果。另外，每个人的生物节律不同，要把握自己的生物节律，充分加以利用。

（三）指导学生学会阅读

学生以学习间接知识为主，因此，较多时间是与书本打交道。阅读是获得书本知识的基本方法，指导学生学习，特别要重视阅读方法的指导。

具体可以从以下几方面进行阅读方法指导：指导学生制订好阅读计划，明确阅读目的、要求、范围、时间、步骤、方法等。指导学生根据阅读计划要求，选择阅读书目。对于学生来说，教科书应是"手治之书"，重要的参考书是"心治之书"，消遣性读物是"目治之书"。不同的书目有不同的阅读方法，指导学生做好阅读批注，批注不仅可以使人头脑保持清醒，而且有助于思维和记忆。批注的方法多种多样，如在主要观点和重要内容下方画线，在关键词下圈点，在空白处写上各种评注、疑问、答案、要点的归纳等。在批注的基础上，可以进一步做读书笔记，帮助学生控制阅读中的心理状态，保持必要的学习内推力，调节自己学习的情绪，提供一些阅读材料，让学生根据自己的实际合理地运用。

（四）指导学生学会观察

科学的观察方法是，人们在自然条件下有目的、有计划地对自然现象或社会现象进行考察的方法。它是直接用眼睛、耳朵等各种感官，或借助相应的仪器去感知观察对象。学生通过观察，可以增加感性认识，获得直接经验。

指导学生应用观察法，应注意以下几点：观察要有目的有计划。所观察的事物纷繁复杂，不是说随便观察，就能获得知识，要根据学习的具体要求，有计划、有步骤地进行观察。选择观察对象要注意典型性。这样会花费较少的精力，就可获得确切的资料。观察要有实事求是的态度，不要掺杂个人的偏见，这样观察得来的资料才真实可靠。要掌握相应的观察方法和技术。在观察之前要制订详细的观察提纲和观察的标准，记录表格和速记符号，对观察对象在不同时空活动领域中的各种状态都要做好记录。对观察得来的资料要进行整理，使之系统化、本质化。不要满足于一些零星数据或片断实事，要进行分析、比较、概括，得到较全面、较本质的认识。

（五）指导学生学会记忆

学生获得的科学文化知识、道德观念只有靠记忆才能在头脑中得到巩固。教师对学生增强记忆力的指导应注意以下几点：明确识记的目的和任务，提高识记的自觉性，积极进行有意识记。明确识记目的和任务，有助于提高识记的速度和正确性。学生可以自觉主动地给自己提出学习和记忆的任务，而不是临阵磨枪，考前搞突击。正确科学地使用记忆方法，能够增强记忆，收到事半功倍的效果。从而避免学生使用机械重复的方法获取知识，重视对知识的领会、理解，掌握符合记忆规律的记忆方法。如形象记忆法、图解记忆法、歌诀记忆法、谐音记忆法、比较记忆法等，掌握记忆遗忘的规律，科学地进行复习。

（六）指导学生学会独立思考

学生在学习中应具备独立思考问题能力，指导学生思考问题应注意：善于抓住知识的精华和内在联系，透过现象看本质；善于抓知识的难点、重点，避免平均使用力量，克服知识理解表面化的倾向；善于多角度、多渠道地思考、寻求解决问题的方案，突破常规思维，力图以全新的方案和程序创造性地解决问题。举一反三，触类旁通，积极展开联想，进行综合归纳，力求融会贯通，举纲张目。

（七）指导学生建立科学的学习程序

在学习中的预习、听课、复习、作业等环节，需要合理衔接，行止有序。教师应指导学生掌握三种科学的学习步骤：一是先预习后听课，这样学习目标明确，思维活动有较好的"准备性"。二是先复习后作业，实现知识在理解基础上的应用，达到有效地巩固和转化。三是先思考后发问，使思维进入最佳"愤""悱"境界，有利于知识的深化。

第二节

《学生发展指导手册》的制定

学生发展指导是学校为促进学生全面而有个性的发展，向学生提供一系列指导服务。为了具体且有针对性地指导学生在个人理想、职业等方面进行科学的生涯规划选择，学校编写了《学生发展指导手册》，将学生发展指导工作做到了细处、实处，共同参与指导学生的职业性向分析、目标确定等，帮助学生发现自身个性特长，为职业选择提供知识和信息，引导学生对人生各阶段作出科学的规划。

一、《学生发展指导手册》制定目的

学生发展指导源自19世纪末20世纪初，到今天已有一百多年的历史。目前，我国高中职业指导工作开展范围狭小，从地域范围讲，只有北京、上海、广州等地区的部分普通高中开展了职业指导工作，且多是出于课题研究的需要，其他大部分高中没有职业生涯设计指导课，也没有配备持有职业指导师资格证的教师。片面追求升学率的取向对开展高中生职业生涯规划指导造成较大的阻碍，许多学生、家长和老师并没有认识到职业生涯

规划的重要性。

有关资料显示：很多高中生单凭自己的个人喜好就决定其高考专业选择，但对职业缺乏一定了解，也没有分析职业是否符合自己；在大一学生中，有一半认为现在就读的专业不是自己理想的专业，其中近四成学生想要通过转专业来弥补。有63.8%的学生填报大学志愿时没有考虑过将来从事的职业，50%的学生职业理想是在大学期间形成的；42.1%的学生对所学专业不满意，如果可以重新选择专业，有65.5%的学生表示将另选专业；对现在就读的专业感兴趣的仅占13.9%，有兴趣学习的占48.4%，不完全有兴趣的占30%，根本不感兴趣的占6.6%。这些现象和问题都说明了他们不够了解自己的职业兴趣和性格特点，不够了解所选的专业和将来的职业。可见，高中生职业生涯规划的现状并不乐观。

《国家中长期教育改革和发展规划纲要（2010-2020年）》第五章《高中教育》提到："全面提高普通高中生综合素质……建立学生发展指导制度，加强对学生的理想、心理、学业等多方面指导。"在我国建立高中生发展指导制度，探讨高中生发展指导的有效模式已经成为一件重要且迫切的事情。

二、《学生发展指导手册》主要内容

（一）自我探索

高中生并没有直接进入职业领域，已有的职业意识仅仅是来源于书本知识等，是一种间接的经验。因此，此阶段的自我探索是对儿童时期梦想的反省，对自身的初步了解和对职业观具体化的过程。所以，高中生的自我探索具体分为四个方面：兴趣和爱好、能力、气质和性格、价值观。兴趣和爱好的自我探索最简单的问题就是回答"最喜欢什么""最喜欢做什么"。兴趣和爱好与职业满意度有密切的关系。能力的自我探索是知道自己目前能做什么？不能做什么？哪些方面存在优点？哪些方面存在缺陷等。能力是影响一个人职业生涯发展和成功的水平。高中生需要认真思考"我希望通过职业获得什么"这样的问题。

（二）提高家长对未来职业生涯规划的认知水平

家长对学生的职业选择的影响是最大的也是最直接的，他们能够培养孩子发展自我意识和职业生涯意识，也能帮助孩子制定职业生涯规划。但许多家长却没有处理好家长和孩子对职业生涯规划的关系，越俎代庖，用家长的意愿取代孩子在职业规划的主体作用。家长要支持孩子自主搜索信息，积极参加各种兼职工作和志愿者活动，同时让孩子懂得在职业选择中的责任。

三、《学生发展指导手册》发挥的作用

2015年3月，教育部提出"核心素养体系"的概念，这就要求我们应加快学生发展指导制度的建立，后者将为落实核心素养体系提供唯一的平台和模式，核心素养体系的提出也明确了各个学段学生发展指导的最终目标，我们期待双管齐下、双剑合璧。

学生发展指导旨在落实学生发展核心素养、树立正确的理想信念，促进学生身心健康和谐发展、充分挖掘学生的潜质、培养学生自主发展的意识和能力、减少和解决学生发展过程中出现的困惑和问题；学生发展指导

工作将改变学校育人模式，通过梳理界定工作权限、范围、责任、义务来改变教师尤其是班主任教师的工作现状，最终利于学校向前发展；学生发展指导将有利于解决普遍存在的行政教育、功利教育、重智轻德、高分低能、无主张无担当、自我意识低下、自我管理缺乏等教育问题。

高中阶段，学生有好奇、独立、冲动的特点，价值观开始形成，富于幻想、疏于务实，生涯发展需要因时、因人的变化并不断调节和完善。生涯规划是帮助学生在知己识心的基础上自主规划人生的教育，让学生将视线投向社会、关注社会、适应社会、服务社会，找到学习的意义、生活的意义和改变思维方式的意义。

生涯规划教育既是一种设计也是一种实践，要让生涯规划教育更务实、更多元，突出生涯的独特性，凸显"人"的主体地位。生涯规划教育的实施，不是为了规划而规划，而是让学生在此过程中获得存在感与幸福感，以及生成动力与执行力。

在高中阶段开展生涯教育是高中生生涯素养培养的需要，也是生涯规划指导从高等教育向基础教育延伸的表现。高中阶段是职业生涯规划教育的最佳时机，这一阶段的学生生理和心理发展逐渐成熟，各方面能力都在稳步提升，对于未来职业的选择也具有自己的看法，这时需要教师在此阶段给予其积极正面的引导，让学生尽早规划未来，确定人生目标，有的放矢地生活和学习，可以在实现人生目标的道路上少走弯路，尽早取得成功。

第三节
《心理与生涯规划教师手册》的主要内容

心理教育和生涯规划指导是相互依存的关系。心理教育应融入生涯规划指导工作，生涯规划指导工作也必须依靠心理教育工作。对于这种心理教育和生涯规划指导的关系，许多教师并不熟悉。塘沽十三中为此编写了《心理与生涯规划教师手册》，为教师开展好相关工作提供了方便有力的指导标准。

一、第一主题教学设计例选

（一）相逢即是缘

1.利用课堂活页制作《我的名片》。

2.组内一次展示自己的名片，并加以说明。

3.组内成员都介绍完毕后，选出组长。

（二）创意大比拼

1.小组成员在组长的带领下给本小组起一个组名，创意一句小组口号，并准备一个富有本组特色的小组雕塑。

2.准备好后，组长带领组员在全班展示。

3.选出最佳创意奖。

（三）班歌创作营

1.组长抽取歌曲。

2.各组在组长的带领下，以本小组的歌名为元素，在限定时间内改编一首班歌歌词。

3.要求每位组员至少想出一句歌词，可以使用头脑风暴的方法。

4.组长将作品书写在课堂记录单上，组内交流，修改。

5.全班交流。

（四）说说我对高中生活的感受

用颜色来表达：红橙黄绿蓝紫，每人选择两种颜色。用味道来表达：酸甜苦辣咸，每人选择一种味道。最后小组交流，组长总结全组成员的感受，报告老师。

（五）同学之间智慧互助

高中生活面临着许多挑战和机遇，刚开始高中生活的学生，如果能够尽快适应高中的生活，学生将能顺利渡过后面的三年学习时光。接下来，各组分工合作，进行一次关于新生适应问题的智慧互助。

1.教师将新生可能出现的六大适应角度分别发给组长。

2.组长针对问题，组织组员进行讨论，分析该角度可能存在的问题和调整的方法，组长负责记录。建议采用头脑风暴法，即成员依次说出建议，后面的同学不能重复前面的内容。

3.全班分享。

4.教师总结。

5.学生自由发言，谈谈对高中生活的感受和憧憬。

二、第二主题教学设计例选

一个人从小到大，经常会被人问："你的理想是什么？"现在如果让学生重新思考一下儿时的理想，是否会与目前的状态存在差距？学生是否应该做一些修正？同时，升入高中后，学生是否会因为选科选考而必须做一些深入地思考？回答这些问题时，学生其实就在思考自己的生涯。美国的一项追踪研究表明，有必要向学生展示提前思考生涯规划的重要意义，向学生介绍生涯规划的领域和方法，并通过测试，让学生自我评估自己是否对未来的发展具有明确的目标和选择。

（一）生涯时光列车

1.根据记录纸的指引，分别在轨道上标注学生认为重要的事件或重要的人生节点，可以是骄傲的事情，也可以是失落的事情。高中之后的事情，学生可以自行想象，划分一个大致的年龄段和事件。请从出生开始，一直标注到生涯结束。

2.用不同的颜色标记学生对这个事件的感受，并在对应的轨道上写出该段历程的主要内容，并用几个词语来概括这一历程对学生的影响。

3.引导思考：人生不是一帆风顺的，有高潮就有低落，我们要学会正确面对这些事件，从中获得成长。未来的事情我们可能不知道会有多坎坷，但是提前做好预判，有准备地去过会比毫无准备要从容得多。

（二）十年后的我

想象一下十年后学生将会过着怎样的生活，回答记录纸上的问题。在学生回答问题的时候老师要不断地提醒学生不要过度幻想，要切合实际情况，不要盲目乐观，让学生得到一个相对靠谱的答案，最后总结本课程的学习感受。

三、第三主题教学设计例选

（一）"造反"大活动

1.学生要做出与教师口令相反的动作：低头、睁眼、闭嘴、向左看等。

2.思考：通过活动你有什么启发？违背常理和原则，感觉并不舒服，小到游戏，大到人生发展。

（二）学习五色土

1.完成课堂活页的《学习观小调查》。学生对学习的看法，决定了学生对待学习的态度、投入的积极性、付出的努力以及收获的结果（近期和远期）。重要的是，它会影响学生在学习过程中的感受。

2.根据计分方法，计算出自己的得分。

（三）职业冲击波

以击鼓传花的形式进行职业接龙。当音乐停止时，手持花束的学生要说出一种职业，以此类推。要求后面的同学说出的职业必须与前面的不一样。传递方式从第一组开始，一直到最后一组的最后一名同学。

（四）我的职业理想

1.同学们给幻灯呈现的职业进行分类，了解职业类型。

2.根据所发材料，和大家对职业的讨论，让学生在便签纸上写出一个学生的职业理想，并写下选择这个职业的理由。

3.组长收集好组员的便签纸，把它们贴在A4纸上，并全组利用彩笔创作小组报。

4.组长展示本组的作品。

四、第四主题教学设计例选

（一）热身活动

互动"猜猜这是谁"，任意挑选一张亲子制作做的《我的名片》大声朗读，请其他同学猜猜这是谁。该生要思考对自己的了解和同学对自己的了解是否一致，为什么会出现这样的情况，问自己20次"我是谁？"教师要请同学们在最短的时间内，把头脑中浮现的答案写在课堂活页上，根据活页的提示进行分类。思考：学生在哪个方面对自己的认识最深刻？为什么？认识不深刻的方面要怎样补充？

（二）青春记事板

将学生思过、想过、分享过的不同方面的"自己"记录在课堂活页上。"学生的颜色"：反映了学生的心情和个性；"学生的形状"：代表学生待人接物、与世界和人物接触相处的方式或风格；"学生的质地"：则是学生留给他人的印象和感觉；"小时候的志愿"：记录的是在学生对世界还懵懂无知时，曾经有过的梦想和憧憬；"对未来的期望"：反映的是现在的学生对数十年后未来世界中的自己的遥想和愿景；"向往的生活"：呈现学生所喜欢或向往的理想生活状态或风格，即使现在忙碌的学生可能还没机会依照学生所向往的方式生活；"意外之财"的运用方式因人而异，反映学生的金钱价值观；"如果八十岁"是对人生最后岁月的终极期待，是自我理想和期许的完成与实践；"如果明天是世界末日"省思的是当下学生心中所挂念的心愿，需要学生全力以赴地去完成和实践，不让生命留下无奈和遗憾。

（三）特质选选看

根据课堂活页中的特质清单，请学生在其中挑选出七个最能代表自己的性格特质，把自己的课堂活页传向右手边一人，现在学生手里拿到的是别人的特质表，由学生负责人以诚恳的态度，将学生认为特别符合活页主人的性格特质挑选出七个，之后继续向右手边传递，活动以此类推，直到将特质表完成为止。拿回自己的特质表，仔细看一看，如果有疑问，可以在组内进行询问和交流。

（四）心灵之窗

按照课堂活页的内容整理特质表。思考并分享：是否有同学跟学生选择一样？学生如何看待这种情况？有哪些选择是学生完全没有想到的？学生是如何去做的？左上角格中是否填入了词汇？如果没有，学生是如何看待的？

五、第五主题教学设计例选

（一）共建岛屿

组长听指令打开锦囊，限时两分钟，任务完成后，组长确认无误后举

手示意，不可再修改。整个拼图过程组内成员不允许发出声音。遵守规则
且最快完成的小组为最佳默契组。

（二）心中的桃花岛

根据霍兰德旅游公司提供的岛屿资料，对各个岛屿的情况进行初步的
了解。通过对岛屿的了解，回答下列问题：旅游。旅游公司出钱，学生会选
择哪三个岛屿呢？肯定不会去哪个？根据先后顺序把学生要去的三个岛屿分
别填在对应的表格中（去的画笑脸，不去的画哭脸，并标上顺序）。定居。
在岛上工作生活几十年，学生会选择哪三个岛屿？肯定不会去哪个？要求同
上，并说明原因，去的学生要说明哪里吸引人，不去的说明为什么不想去。

小组分享：两种情境下学生的方案一致吗？为什么？每个同学都来说
一说自己的方案与原因。

最后思考：选择职业岛时还需要考虑哪些因素。

（三）岛主会议

第一步：通过查看岛屿——典型职业对应表，小组成员利用三分钟召
开岛主会议，讨论岛民准入条款。第二步：组长进行班内分享。第三步：
教师归纳影响职业探索需要考虑的要素。第四步：头脑风暴。确定符合自
己的职业理想有何益处。

（四）我的兴趣坐标

回顾最近一周（或一个月）的生活点滴，回味让自己感到愉快的经
验。请举出一至三个生活事件，在事件发生之时或完成之后，让学生感受
到相当程度的喜悦或满意。填入课堂活页的相应内容。当学生不必上课或
上班时，通常会从事哪些休闲活动？请列出一至三个平时所喜欢的休闲活

动。填入课堂活页的相应内容。将"愉快的生活经验"和"喜欢的日常活动"两者的特性倾向综合起来，看看"兴趣坐标"会落在哪一个象限呢？资料：喜欢处理文字或数字资料的记录、查对、分类、组织等工作。思维：喜欢创造、发现、解释抽象概念，从事知识的开发、研究与传递。事物：喜欢从事与机械、器具有关的工作，并且喜欢处理物理现象的问题。人群：喜欢从事与人群有关的工作，喜欢处理人际状况。

（五）兴趣类型大分析

根据教师所给的兴趣类型的描述，思考一下与学生匹配的兴趣类型和此类型人通常会从事的工作，进一步得出学生的兴趣类型。根据前面两个测试表现出的最高的三项生涯兴趣类型，记录下来，并逐一检视其适配性、差异性和一致性。

适配性是指学生的人格特质和学生所喜欢的职业活动之间的符合程度。如具有社会型特质的人是喜欢从事社会型工作；差异性是指学生所喜欢的类型之间能显现出较大的差异；一致性是指学生在六个生涯兴趣类型中表现较高的前三个类型彼此之间的相似程度，如社会型与艺术型因在六边形的相邻两边，表示这两个类型的一致性较高；而处在对角线上的社会型和实际型则相当不一致。

六、第六主题教学设计例选

（一）缤纷运动会

回忆自己曾经参加过的学校运动会。在整个活动中，通常承担的工作是什么？（可选1-2个）并回答课堂活页中的问题。一是参加运动项目，如跑步、跳远、球类等；二是新闻报道，如撰写宣传稿、拍照、比赛实况报道；三是班级形象设计，包括班徽、班旗、班级队列展示等；四是赛事管理，如制定比赛规则、裁判、统计比赛分数等；五是气氛营造，如乐队伴奏、演唱助威等；六是服务，为队友鼓劲、赛前组织联络等；七是其他。

（二）我的智能地图

发展心理学家霍华德·加德纳（Howard Gardner）于1983年提出了多元智能理论。该研究的一个重要观点就是个人的智能都是多元的，每个人至少拥有语言、思考、交际、自省等八种智能，认为学生可以在这些不同类型的智能中找到自己的长处并加以施展。

每个人拥有不同的智能优势组合，单纯与其他人比较某一方面的能力优劣是没有意义的，因为每种智能在个体的智能结构中都占有很重要的位置。我们要以整合的视角探索自己的能力结构，用自己的方式发觉大脑的资源，这种为达到目的所发挥的各种个人才智才是真正的智力，这也造就了人与人之间的不同。

学生要思考并小组讨论，对自己的能力具有什么样新的认识；能力与各科的学习成绩具有怎样的关系；应该如何进一步发展自己的能力优势；应该如何对待自己的"能力短板"，它对学生的生涯发展会有什么影响等。

生涯规划为学校工作注入新元素，为教师工作带来新理念，为学生发展提供新契机，学校、教师、学生都获益，教师是生涯规划的主要助推力量。塘沽十三中《教师手册》历经多年教学使用，现已不断丰富和完善，填补了生涯规划教育校本课程教材的空白，在学校心理与生涯规划课程的实施中发挥了重要作用。

第四节

《学生生涯发展成长手册》的使用指导

新高考改革的最大亮点是把选择权还给了学生，因此中学生涯教育的重点是让学生学会选择，学会对自己的未来负责。学生生涯发展规划指导工作不仅仅是思想上的、理念上的，更重要的是实操层面的各项实践活动。为更有效开展好生涯规划指导工作，学校编写了突出个性指导、实操性强的《学生生涯发展成长手册》。

一、开设生涯教育课

从普通高中生的特点来看，职业指导课可以在高中各年级中开展，但必须以职业生涯发展理论为指导，同时密切结合普通高中教育的实际，科学、系统地对普通高中生进行专业选择和未来社会角色定位的引导，通过生涯教育，使学生充分地认识自己和了解职业，明确学习目标与职业目标，能够顺利地完成探索阶段的发展任务。

二、职业指导咨询

职业指导的咨询方式可分为团体的职业咨询和个别的职业咨询两种。团体咨询可以起到信息的传播作用，咨询人员必须搜集与工作有关的信息，来协助学生做出重要的决策，并通过团体咨询的过程激励学生职业决策的动机，使高中生能够主动开始探索自己的职业生涯。个别咨询应帮助指出学生自身的优势和劣势，帮助他们分析各行各业的特点和要求，以及考入高校所需的必要条件等。

三、参加社会实践和企业的参观

组织学生参加社会活动，是学生社会化发展的需要，也是学生获得职业体验、锻炼自己在工作中交往的需要。学校可以利用周边及外部的资源，与社区、企事业单位建立良好的合作关系，将这些单位作为学生参观和实习的基地，让学生通过参观、访问、访谈、实习等活动方式，实地了解工作情况，学校还可利用寒暑假时间安排学生到相关机构见习，加强社会实践，增长实践才干。

学校注重对学生兴趣的培养及学生成长的指导，多年来坚持使用《学生生涯发展成长手册》，手册记录了学生学习生活的成长足迹，对学生自信心的培养、学习兴趣的提升以及未来发展的规划，起到了良好的助推作用。同时，学校还针对不同学生加强学法指导，使学生获得最适合的教育，以真正实现"因材施教"的办学理念。

第七章
基于有生命力教育的
生涯规划的探索

　　"今日之教育是为了学生明日之发展"，这既是生涯教育理念的根本价值追求，又是学校教育的终极目标所在。生涯规划教育是指导学生自我探索，自我成长，帮助学生学会选择、学会发展、学会适应。在探索生涯规划教育的路上，大家都在不断摸索中前进，都希望能够找到符合学校和学生自身特点的教育模式。学校通过认真的学习、深入的思考、积极的探索和科学的研究，现已形成具有本校特色的基于有生命力教育的生涯规划教育体系，让学生都有进步的学业、健康的身心、健全的人格、美好的心灵、崇高的理想、圆融的人际、充盈的自我和成长的生命，增进自我了解，形成自我发展意识。

第一节
对基于有生命力教育的生涯规划理论探索

塘沽十三中秉持着"做有生命力教育"的办学理念，其核心是围绕要教会学生接受与认识生命的意义，尊重与珍惜生命的价值，热爱与发展每个人独特的生命，并将自己的生命融入社会之中。

一、践行教育发展理念，做有生命力教育

（一）让有生命力教育成为学校核心价值理念

学校的核心价值理念就是学校做什么最有价值，怎样做最有价值。学校的办学理念是"有教无类、因材施教、人人成才"。多年来学校始终坚持以"做有生命力的教育"为办学思路，坚持教育就是生长，生长是教育的唯一目的，有生命力的教育才是真正的教育。有生命力的教育在具体实践中，必须坚持"一是从人的现状出发，二是从人的需要出发"。学校追求师生共同进步，共同成长，通过教育活动、课程设置、课堂改革、教学探索、机制构建等途径，落实有生命力的教育，成为全校师生内心的普遍共识。

（二）让课堂教学成为落实有生命力教育的主要阵地

在课堂教学的实践中，学校始终把出发点和归宿都设定为了学生的发展，尊重每一个学生的学习权，为学生提供挑战高水准学习的机会，引导他们获得学习的生命力，让课堂教学成为落实有生命力教育的主阵地。学校确立了"新课程背景下有效课堂教学策略研究"等校本课题，提出"低负担、高质量；低耗时、高效率"的目标，并大力开展校本课程的自主研发，着力打造活力课堂。《塘沽史话》校本课程获得了滨海新区塘沽区级优秀校本课程。另外，结合塘沽十三中学生实际，开设了如《塘沽史话》《趣味化学》《生活中的物理》《心理健康》《flash动画》等十四门校本课程。

（三）让艺术社团、特色体育成为学生享受校园生活的快乐渠道

学校通过艺术教育培养学生获得与感受生命力教育的能力，成立了各种艺术社团。在广泛开展群体性体育活动的基础上，学校还注重体育特色项目建设，结合校情学情，于2013年开始启动啦啦操特色项目建设，虽然之前没有任何经验，但经过师生们艰苦的努力，啦啦操已成为本地区体育优质特色项目，多次在国家级各类比赛中荣获项目冠军。现在啦啦操已经成为学校的校操，引领着学校体育特色建设由竞技性向普及型发展。

近年来，学校继续加大体育特色项目建设，开发推进了校园足球等项目，越来越多的学生通过投身体育、艺术活动，强壮了体魄、陶冶了情操。学生还通过辩论赛、读书节、体育节等文化体育活动与课内知识形成有机的互补，不仅增长了见识、丰厚了学养，更为重要的是为未来的发展埋下了有生命力的种子。

（四）让课题研究成为教师做有生命力教育的实践途径

学校要发展，科研必先行。为此，学校大胆引进全国知名课改专家成浩提出的语文生态园建设的理念，在全校各年级开展随笔化写作课教学，并成立相应课题研究小组，以课题研究带动语文课堂教学改革探索，逐步形成"绿色阅读、随笔写作、智慧课堂"的语文写作课教学模式。

随笔化写作是一种回归本真走向简单的生命化写作。所谓"本"，是以人的言语生命为本；所谓"真"，是真实、真切、真诚、率真；所谓"简单"，就是遵循言语生命的成长规律，以日记随笔为基本写作方式，教学实践着力于顺应、养护、培植、唤醒和磨砺。随笔化写作是一种能力的习得和习惯的培养，培养学生形成一种良好的写作素养。习惯具体上就是指愿意写、善于写、喜欢写的习惯。

二、探索生涯教育之路，构建全员研究平台

2018年2月，学校开展了生涯规划教育工作。在这一学期中，高一年级的学生要完成"六选三"的选科，进行综合素质评价，更要完成三科的合格性考试。如何指导学生科学地进行选科选考，如何培养学生的规划意识，如何在自己的教学课堂中渗透生涯的知识，当时很多教师还处于迷茫之中。

为此，邀请相关专家为学校教师进行了为期一天半的高中生涯教师普及式培训。培训采用的是小组合作学习的方式，将80位教师随机分为10组进入教室教师们发现，培训方把教师们的名字摆在了每组的桌面上，大家都觉得十分有趣且贴心，这成了培训的良好开端。

第一天的培训主要内容包括生涯的内涵、新高考的挑战、天津市政策的解读以及应对。培训师在整个过程中穿插了活动、提问和经验体验，内容生动有趣。教师们积极性高，主动与其他人分享自己的看法，教室里充斥着思想碰撞的火花。通过学习，教师们对生涯和生涯教育的内容有了初步的了解，了解了很多新高考政策方面的细节，还有之前试点地区的各种数据，这些将成为他们未来指导学生的重要依据。

第二天的培训更为丰富，包括了学职群的介绍、职业兴趣理论、多元智能理论和生涯教育活动的具体设计与实施。内容涉猎广泛并且接地气，教师们在其中获得了更多的体验。利用学职群卡片找到自己感兴趣的学职群，通过"岛屿游戏"发现自己的职业兴趣，利用多元智能理论发现自己的优势智能等。培训不仅让教师们学习了更多的生涯教育的方法，更是一次深刻的自我探索之旅。只有更清楚的了解自己，才能更好的帮助别人。

学校按照深化普通高中课程改革的要求，结合学校自身的办学定位和培养目标，在一般意义的生涯规划教育基础上融入本土化的内容，具体如下：一是让学生认识到生涯规划的重要性，认识自己，了解专业和职业，有生涯规划的意识。二是引导学生积极地了解自己、悦纳自己，朝着自己设定的目标不断努力。三是开阔学生的视野，并常怀本土情怀，将个人的生涯发展与家乡的建设相结合。塘沽十三中一直非常关注学生生涯规划教育，学校"十三五"课题"基于有生命力教育的生涯规划实践研究"更是将生涯教育与学校帮学特色相结合，探索出一个全新的模式。同时，学校把生涯规划教育作为一个全校参与、全员联动的研究，为教师们搭建研究平台，营造学术氛围。

三、高中生生涯发展现状的研究

通过实地调查和访谈，生涯规划与生涯指导方面呈现以下状况：

（一）高中生生涯规划现状

1.高中生自我认识不够。高中生对自身认识不清晰主要表现在两个方面。第一，对自身性格、兴趣、优势和劣势的不了解；第二，对自身性格适合做何种工作的不了解。

2.高中生职业认知不够。高中生缺乏对职业的认知表现在两个方面。对自己喜欢的职业前景不了解，半数以上学生不太清楚自己喜欢职业的前景，对社会目前就业形势和未来对人才需求情况不了解，非常了解的学生更是不足一成。

3.生涯规划主动性差。高中生的生涯规划主动性较差表现在两个方面。第一，主动收集职业或升学方面信息的少，仅有5.82%的学生会经常有意识地收集职业或升学方面的信息，43.18%的学生偶尔会，33.6%的学生曾经有过，17.23%的学生从未有过。第二，做过职业规划的学生极少，在被调查者中做了生涯规划的仅占11.19%，63.98%的学生表示正在考虑中，23.49%的学生尚未做过，0.89%的学生认为高中生没有必要作生涯规划。

4.生涯规划知识匮乏。高中生对生涯规划知识不够了解，具体表现在高中生对生涯规划相关理论知之甚少。调查显示：绝大多数学生对此不太了解达65.55%；没听说过的也近两成；仅有4.03%非常了解，13.2.%比较了解。

（二）高中生生涯规划指导现状

1.学校的指导力度弱。调查显示：75.39%的学生表示从未接受过学校开展的与职业指导相关的活动，12.98%的学生偶尔接受过，仅有3.36%的学生表示参加过学校定期开展的职业规划指导相关活动，8.28%的学生表示学校曾有过但为时不久。可见，学校对于学生的生涯规划指导力度和广度还远远不够。

2.专业选择信息获取渠道狭窄，信息良莠不齐。在对四所高中学校学生访谈中了解到，在选择专业时都是以学校所发报考指南书籍、自己在网上查到的相关信息为主，老师家长亲戚的意见为辅来选择专业的。

四、探索高中生涯教育，助力学生发展

对于高中生而言，高考不仅仅是升学，更是生涯的开始。在中学阶段就向学生传输生涯规划理念，应该成为高中生的必修课。因此，只有通过国家、社会、学校、家庭、学生自己等多方面的努力，才能使高中生生涯规划得到更好的发展。

（一）提高自我认识水平，增强环境分析评估能力

自我认识是科学地进行职业生涯规划的前提和基础，客观、全面地分析和评价自我是成功进行职业生涯规划的必要条件。职业生涯规划专家罗双平认为，"每个人都有四个我，即公开我、隐私我、背脊我及潜在我，公开的我和隐私的我是我们自己可以了解的，但背脊我和潜在我是我们难以理解的。"因此，学生要全面地认识自我，除了通过自我意识、自行思考的途径之外，还必须借助老师、家长和同学的评价，最好能到职业倾向

测评机构寻求专家的帮助。总之，自我了解及自我评价是一个人选择职业生涯必须思考的起点，是职业生涯能否成功的关键。

外在环境可为每个人提供活动空间、发展条件、成功的机遇，高中生还要分析自己所处的外部环境，时刻关注社会的变化，加强自己与外界的沟通和联系，通过互联网、报纸、广播、父母、同学和老师等，寻求对专业或职业有用的信息，增加对社会政治、经济及职业发展态势的了解，为将来找到一份理想的工作做好准备。

（二）开设职业生涯规划课程，加强职业生涯规划教育

1.建立分级实施系统连贯的职业生涯规划课程。学生对自己职业及人生的规划是一个逐步探索逐渐明确的过程，依据高中生在不同年级的需求，设计适合学生特点的生涯教育课程并分级实施。

如对高一年级和高二年级的学生进行职业生涯教育的目标设置为：让学生了解职业、职业生涯规划的重要性，使学生对职业、职业生涯规划有一定了解，指导学生自觉地对自己的职业理想、外在环境等进行思考。这一阶段的教育可以通过发放关于专业介绍、职业介绍的资料，指导学生学习，也可通过开设专家讲座等方式进行。高三阶段不适宜对学生进行长时间生涯规划教育，教学目标有：在教师指导下进行职业倾向测试，进行科学的自我探索；在教师、家长、学生的共同努力下选择合适的专业，做出正确的职业定位。此外，学校通过校本课程或综合实践活动课程来开展，使职业生涯课程形式灵活多样，保证学生的职业生涯规划能力落到实处。

2.开展一系列的实践活动。职业生涯规划能力更多的是一种通过实践和实际行动才能获得的一种能力。学生通过自己亲身的参与和感受，能获

得第一手的职业信息，检验自己对这项职业的兴趣和能力，同时让自己逐渐适应工作和社会环境，促进自己对生涯教育的认识。在英美等职业生涯规划教育先进的国家，学校通过组织学生到企业的工作岗位亲身体验，设计近似真实的工作环境，让学生扮演角色的模拟游戏，实施志愿者活动、专题讲座，邀请学生及家长参加生涯规划会议等形式，来保证生涯规划教育的开展。因此，在高中教育阶段，学校要给学生提供一些参观工厂、参与实践的机会，多开展一些综合实践活动，开放封闭的校门，向学生展现丰富多彩的世界，使学生的学习更具应用性。

（三）为高中生涯教育提供教师资源和制度保障

生涯教育的意义和作用绝不亚于文化课教育，生涯教育的实施不仅能推动基础教育的发展，提高学校育人功能，而且是符合学生特定时期需求的教育。为保证学校生涯教育的实施更专业、更科学，学校提供资金和时间的保障，如在课程开发及实施过程中，组织教师外出培训学习、配备专业教师、聘请专家指导等。生涯教育的师资有两种解决方案：一是聘请社会力量或专家担任兼职教师，分年级讲座，班主任协助，其好处是师资比较专业、效果好。二是对班主任进行专门培训，提高其对学生进行职业指导的能力，其好处是在学校内部调配，组织实施方便。

高中生生涯规划不完善是由多种原因导致的，加强学校职业指导工作的制度建设和考核是解决这一问题见效最快、可操作性最强的措施。学校通过多种途径正确引导高中生对生涯的认识和规划，为成功的生涯奠定坚实的基础。

第二节
基于有生命力教育的生涯规划课程课堂探索

课堂教学是学生接受教育、成长发展的主要形式和渠道。高质量的教育主要体现在高质量的课堂教学上。因此，学校高度重视课堂教学，聚焦课堂，将有生命力教育的生涯规划指导探索坚实地落到课程中、课堂上。

一、聚焦课堂，提高校长的教学领导力

改变学校一定要从抓好教师队伍的建设做起。教师是学校发展的第一资源，只有"教师第一"，才有"学生第一"；只有教师的和谐发展，才有学生的全面提高；只有给予教师专业发展的自信，教师才会给予学生拼搏进取的勇气；只有让教师拥有教育智慧和精神力量，他们托起的"太阳"才会冉冉升起。学校通过各种教科研活动帮助教师不断提升专业水平，鼓励教师在工作中实现专业发展，进而提升学校整体的教学质量和办学品质。

（一）深入教学一线——聚焦课堂，校长是学生的教师

著名教育家陶行知说过，校长是一个学校的灵魂，要想评论一个学

校，先评论它的校长，有什么样的校长，就有什么样的学校。因此可以说，校长的素质体现着校风校貌，直接制约着教育质量和办学水平，制约着教师素质的提高。校长作为学校工作的主要负责人，如果不了解学校的校情、学情，就无法真正认识一所学校，更谈不上明确学校的办学理念、办学定位以及发展方向。因此，校长工作的重要职责之一就是领导和组织教学工作，同时深入教学第一线，正确指导教师进行教学活动，努力提高教学质量。

长期的教学实践经验反复证明，校长的教学管理，应从关注课堂教学、关注教育教学的科学性和实效性起步。于是，学校将教学管理直接深入到课堂教学一线之中，教育管理者要走进课堂，做学生的教师。虽然校长工作千头万绪，但还是应该认真高效地备课、上课、批改作业、辅导学生、备战高考、奋战学业水平考试、听课、评课、参加教研活动、教师培训讲座等。

教育本应是质朴、本色、宁静，不浮夸、不浮华、不浮躁，带着对孩子、对知识、对事业的一种真情实感。教育要返璞归真，校长就必须返璞归真。从这个意义上说，校长的本质是教学而不是行政，校长的职业认同是教师。如果校长能深入教学一线，承担适量的教学任务、教学指导，并取得较好的成绩，这样领导教学才有说服力，为教师作榜样，教师才服气；也只有这样，教育管理者才能了解真实的教育教学，才能得到办学过程中最真实、最直接的信息，才能与教师共同提炼出研究成果，才能将课程改革的成果转化为教师的教育教学行为，并进一步内化为教师的育人素养，提升学校整体教育教学质量。

（二）带动教师发展——专业指导，校长是教师的教师

校长不仅仅是学生的教师，更应该是"教育教学的领导者"，是"一位有威信的、博学多识的教师的教师"。校长要提升自己的专业水平，更要致力于创建专业发展的共同体，懂得教师的成长和专业发展规律，为教师的专业成长提供各种平台和支持，促进教师专业的不断提升。只有教师增强了自身发展的需求、发展的自信，才能将这种正能量传递给学生，从而增强学生的学习动力、提升学生的学习能力。只有这样，才能推动学校和教育的大发展，增强学校发展的后劲。教师集体备课和课堂教学模式研究是提升教师队伍水平不可或缺的两个切入点。

首先是集体备课。为了充分发挥集体的智慧、集思广益、发挥特长、取长补短、创造性地实现完美教学设计，实现集体与个体的双向发展、共同提高，学校实行集体备课制度。集体备课是教师合作研究的一种最有效的方式。作为教师上课前的准备环节，集体备课直接关系到课堂教学效果，同时，更反映出教师团队整体的教育科研意识和水平。

学校对集体备课提出了"科学性、规范性、实效性"的要求，制定了集体备课"五确定""四统一""一模式"的原则，即确定时间、确定地点、确定检查、确定主要发言人、确定研讨主题；统一教学进度、统一教学目标、统一教学重点和难点、统一作业；一种基本模式是"个人初备—重点主讲—集体研讨—修改完善—个人执教—教后反思"。

"一枝独秀不是春，百花齐放春满园。"实践证明，集体备课对课程改革、学校发展、教师成长、学生深入学习都起到重要的作用。

在思想引领和制度管理的保证下，教师对集体备课的重要性、必要

性、科学性、规范性具有较大提升，集体备课也逐步真正落到实处，教师们充分发挥集体的智慧，能准确地掌握教材的重点，使教师们更省时、省力，使课堂"活"了起来。集体备课也越来越成为教师自身发展的内在需要和日常教学的习惯行为，不仅提高了专业的教学水平和工作效率，还达到了良好的教学效果。那么，集体备课需要注意一些什么问题呢？

一是择长性。分配教师撰写备课提纲，要根据教师的特长来确定，做到择其长，从而使这些负责编写提纲的教师的"长处"无形中变成全组教师的共同"长"，避免个性"短处"可能给教学工作造成的损失，把全体教师对教材的处理调整到最佳程度，形成一个优化群体。

二是超前性。分配撰写备课提纲的任务，提供备课提纲要有一定的超前性，任课教师的提纲备课任务最好在制订学期教学计划时一并分配，便于教师早准备，收集资料，钻研教材，术有专攻。

三是平行性。集体备课是学科组教师间的教研行为，应限于在同年级、同学科的教师间进行。可让年级学科备课组长具体组织各备课组开展活动。

四是同步性。集体备课的实质是同步教学，具体实施中教学目标、教学进度、作业训练、资料使用、检测评估等必须统一。

五是内容的连续性和完整性。划定备课任务应考虑到教材内容的内在联系，保持其内容的连续性和完整性，一般应依据教材的单元或章（节）来划分较为合适，切忌人为地将教材割裂开来。此外，必须把握好"统"与"分"的关系，统不能过"死"。

随着基础教育课程改革的不断深入，教师职能正发生着深刻的变化，研究教师专业成长实践已成为教育工作中不可缺少的方面。教师的专业成长不仅是"人本理念"的体现，更是适应新课程改革的要求，贯彻终身学习的理念。因此，为了满足教师专业成长的迫切需求，为教师的专业成长搭建平台。

学校以中国教育学会"十二五"教育科研规划课题"语文随笔化写作的研究与实践"为依托，构建语文生态园建设的理念，以课题研究带动语文课堂教学改革探索，逐步形成"绿色阅读、随笔写作、智慧课堂"的语文写作课教学模式，并鼓励教师与专家对话，在专家的引领下，增强教育科研的自信心，大胆尝试新课型的探索。同时，为进一步探索有效的课堂教学模式，学校还开展了小组合作的学习模式。目前，以学生为主体的小组合作模式，已经成为塘沽十三中初具特色的有效课堂教学模式和班级管理模式。

（三）拓宽发展渠道——创设平台，校长引领学校成长

学校在管理中秉持"尊重教师、依靠教师、服务教师、成就教师"的管理理念，聚焦课堂，深入分析可能出现的各种教育教学现象，逐步清晰、完善办学理念，使"有教无类、因材施教、人人成才"成为全校教师践行教育教学活动，引领学校教育教学改革深入、扎实、有效地进行。

经过几年的实践，教师们相继在各种专业类比赛中斩获名次，教学水平有了长足的发展，学校的发展和教师的自身发展都登上了一个新的台阶。在天津市滨海新区教师"三项基本功"大赛中，一名教师获一等奖，两名教师分别获得第二三等奖，实现了学校在此项比赛一等奖零的突破和获奖总人数的新高，地理教研组被评为天津市优秀教研组。在语言文字报

刊社主办、学校承办的天津市滨海新区塘沽高效课堂交流暨塘沽十三中语文教学改革现场会、全国随笔化写作与考场作文专题研讨大会的教学展示中，"语文随笔化教学"和"小组合作模式"，受到了语言文字报刊社、《中国教师报》有关专家的高度认可，学校获得了"全国真语文示范校"的称号，成为滨海新区唯——所语文生态园建设的高中校。

在一系列探索与改革的过程中，教师的教学水平、科研意识和能力显著增强，学校的教育质量持续提升，学生生源质量也有了较大提高，学校保持着良好的发展态势，赢得了良好的社会声誉。学校先后荣获天津市文明校园、天津市滨海新区首届文明校园、天津市滨海新区书香校园、天津市滨海新区德育工作先进集体、天津市滨海新区教学质量进步学校等多项荣誉称号。在这期间，学校的体育工作也有了长足的发展，啦啦操队在全国高中学生啦啦操比赛中多次获得高中组冠军。

相对于校长的其他职责，对课堂的聚焦、对教学的领导是最重要的。校长只有遵循教育规律，并确定自己的引领方向和领导行为，才能承担好教和学角色的基础上，提升领导教和学的能力，才能引领广大教师进行教学和课程改革，才能引领学校坚定、勇敢地走在教育改革的大路上，才能实现"做校长—做合格校长—做优秀校长——做教育家型校长"的教育理想，真正办好人民满意的教育。

二、生涯规划课程教学内容的板块

（一）生涯与唤醒——我为什么读书

随着经济发展与社会转型，青少年独立自主的意识逐渐增强，有些人对学习失去了目标。学校通过开展"我为什么读书"活动，引导学生接受正确的教育观，提高学生学习的积极性。

（二）生涯适应——适应当前节奏的高中学习生活

高中生处于生理和心理的急速发展阶段，外界的各种环境极易对他们的身心产生重大影响。通过活动与互动，培养学生适应环境的能力，发展成为适应社会的能力，引导学生发现自身存在的适应问题，提高适应能力，促进自我发展。

（三）生涯角色定位——责任担当，平衡与选择

新高考改革形势下，对学生的核心素养提出很多要求，对于现在的高中生而言，适应新高考政策，必须提高自身修养，承担责任，探索自我，挖掘自我价值与潜力，帮助学生制订计划，学会有效应对复杂多变的情况。

（四）生涯角色发展——增强自信，面对困难的勇气

如今的大环境和家庭教育的影响，学生对抗逆境和困难的能力越来越差，通过活动与互动，培养学生抗逆力，让学生比较顺利的面对生活学习中的困难，同时培养学生自信心，引导学生掌握和提升自信的技巧，以适应高中学习生活的心理危机。

（五）生涯角色调整与平衡——人生角色与期待

面对高中生涯阶段的任务，很多学生对自己的未来并没有合理的规划，因此导致学习没有目标。通过活动与互动，让学生了解自己不同时期的人生规划对实现人生期待的重要意义，培养学生选择与规划的能力，使自己的人生期待更加合理化，可执行化。

（六）生涯角色准备——走近大学殿堂

进入高中最大的期待就是进入理想的大学，了解大学的专业与职业间的联系，了解大学的生活与学习，了解上大学所需要的多方面的储备，以此激励学生为了自己的理想努力拼搏。

三、基于核心素养的学生生涯规划指导实施研究

（一）发挥课堂作用，加强学科渗透

各学科教材的内容是未来职业必需的基础知识，又是进行生涯规划指导的重要载体。教师在学科教学的过程中，要有意识培养学生的理想和规划意识，让学生了解社会上与此门学科相关的职业类型，有意识地发现学生在课堂中表现出来的爱好和特长、职业兴趣、气质和能力，为学生生涯规划提供准确、科学、有效的参考建议。

（二）开展实践活动，储备综合素质

开展征文、主题班会、专家讲座等多种形式的主题教育活动，组织研究性学习、参观、社会实践、志愿服务等，帮助学生在亲身体验中感悟主题、分享体会，在认识自我、分析自我的基础上规划人生发展方向，促使学生提早做好素质储备。

1.社会实践——通过集体组织或自发组织，学生选择自己感兴趣的职业场所，开展社会实践活动，感受职业体验，寻找愿望与现实之间的差距，为自己正确判断和选择规划之路打下基础。

2.研究性学习——通过设定学生生涯规划教育课题，让学生在研究性学习中设计自己的人生规划。组织学生开展社会调研、了解社会的需求，

感受求职的艰辛和不易；引导学生在制定规划和实现理想的过程中感受责任、生命的意义与价值，激发学生的内在动力。

3.参观——发挥校外教育基地、实习基地的作用，组织学生走进工厂、车间、企事业单位，直观了解社会发展与工作现状，为自己做好生涯规划提供借鉴。

4.社会调查——接触、了解社会现实，缩小理想与现实的距离，调整自己不切实际的想法，推动自己向着更加理性的目标不断迈进。

（三）开设校本课程，加强规划指导

通过课程建设，从教育目标、教育内容、教育形式等不同方面建构完整的人生规划教育过程，引领学生通过树立信心、开阔视野、正确认识自我（包括了解自己的价值观念、性格特点、气质类型）、科学规划生涯过程和成长方向。

（四）开放职教学校资源，加强普教职教融合

充分发挥职业学校的教学、实训资源优势，组织学生到职业学校参观、开展学工学农实践活动，让学生了解社会和不同行业、不同职业特点，加强普通教育、职业教育的融会贯通，引导学生结合自身特长和爱好，逐渐形成人生方向、职业爱好等。充分发挥综合实践教育基地的专业教学资源，实现综合实践教学与职业指导的紧密结合，提高学生的职业认识，培养职业兴趣。

（五）开发家长资源，引导规划方向

1.充分利用家长学校课程，加强对家长培训，发挥家庭教育潜移默化的作用，为学生树立榜样，发挥模范作用，引导学生树立劳动光荣、职业

平等价值观念，引发学生对人生的积极向往。

2.充分发挥家长委员会的作用，挖掘优秀家长在指导子女生涯规划方面的经验，邀请部分优秀家长做个人或团队报告，塑造成功典型案例，激发家长教育培养学生、帮助学生规划的信心，帮助家长正确认识子女优势、发展方向，真正能够做到基于现实、掌握自我，正确规划学生成长之路。

（六）开发学生生涯指导网络系统，完善信息服务系统

充分发挥信息技术、网络系统在学生生涯规划方面的作用，利用现有软件、开发新软件对学生气质、性格、特长等进行测试、评价，帮助学生更好地、客观地认识自己，并对成长过程进行记录。开发学生生涯指导网络系统，建立学生与指导教师、专家的交流沟通的平台，试点学校资源实现共享。加强职业意识、职业理想、职业道德和创业教育，引导学生树立正确的职业观，养成良好的职业道德行为。同时，把教育引导与关心服务结合起来，把社会需求与尊重个性结合起来。

经过多年的不懈努力，很多学生都结合自己的兴趣，能力、价值观找到了自己的人生方向。有的学生说："我加入了广播社，积极参加工作，认真准备每一期广播，下载音乐、写广播稿、监督广播……在校运动会的主席台上，也能看到我的身影，慢慢的，我逐渐成为了广播社的骨干成员。凭借着对广播的热爱，同学们的夸赞，让我找到了自己的长处，在老师的帮助下，我列出了多种职业生涯规划，结合就业、大学选择、爱好、特长等种种因素，我把广播作为了我规划的首要选择。感谢学校，给我提供了一个表达和展现自我的平台，让我拥有了锻炼自己的机会。"

第三节
基于有生命力教育的生涯规划教育教学探索

　　加强高中学生的生涯规划教育，进行有针对性的生涯辅导，不断增强自我探索，做出最佳的规划，成为最好的自己。基于有生命力教育生涯规划指导是一项新的教育内容，做好生涯规划指导需要大量的内容丰富的、形式多样的、学生能够喜闻乐见的教育实践探索。塘沽十三中充分发挥师生的主动性和积极性，让探索真正走进学生的内心世界，得到了学生的高度认可。

一、放飞职业理想

　　"放飞职业理想"这节课是小组竞赛，1分钟之内写出职业最多的组胜出。热身活动以击鼓传花的形式进行，当音乐停止时，手持花束的学生起立说出一个职业，要求后面学生不能与前面学生说的职业相同。活动的主要目的就是活跃课堂气氛，引出本课的主题。同时，为学生明晰职业的定义。

　　本节课第一个主题活动是"我的职业理想"，设计的是在幻灯片上展示出22种职业，让学生先试着给这些职业进行分类，然后引出六大职业类型。这种分类方式主要是想让学生从自身兴趣的角度出发，思考哪种职业更适合自己，进而思考自己的职业理想。

在这一环节，任课教师借鉴了"梦出发的地方"一课的梦想诗画环节，让学生在便签纸上写下自己的职业理想和选择这个职业的原因，小组将自己的职业理想做成小组报在黑板上展示。学生们通过探索职业理想，明确了理想是动力源，能够促进师生不断的前进。

本课的第二个主题活动是"理想照进现实"，主要的目的是通过SWOT分析法，帮助学生分析理想的可行性。通过学习了SWOT分析法，学生能够知道从内部因素和外部因素、有利因素和不利因素这四个方面去分析问题。还了解了不利因素和外部因素是我们分析问题的薄弱环节，需要进行大量的资料收集。对不利因素的改变和挑战，教师放到了课后延伸，让学生自己制订行动计划。

理论是实践的前提。任何一节课，都要有扎实的理论依据，教师在上一节课之前不仅仅要掌握好本节课用到的理论，还要多多储备与之相关的各方面知识。生涯规划课不仅仅是通过活动来升华感受，更需要扎实的理论基础和现实生活的例子来"点化"学生。思路是课堂的主线，一堂好课，清晰的思路是关键。教师上课前要先梳理好课堂思路，引导学生按照教师的思路一步一步深入进行，不要小看每一个环节的设计，那都是带有逻辑性的，每一个环节都能彰显功底。

二、绘出生命的彩虹图

（一）人生讨论

先进行小组讨论：人生要经历的阶段主要有哪几个？人生要扮演的角色主要有哪些？接着组长在班内汇报，交流补充。

（二）我的生涯彩虹

介绍生涯彩虹图，即舒伯的生涯彩虹理论，每个人对自己的生涯有着不同的认识，最终绘制的生涯彩虹图也不尽相同。根据自己的打算，在课堂活页中绘制自己的生涯彩虹图。

（三）分享感受

思考：什么是生涯？为什么要进行生涯规划？

三、时光里的你和我

（一）一分钟的时光

1.让学生连续鼓掌一分钟，体会一分钟的时间其实也挺长。

2.小组讨论一分钟的价值，谈谈大家对时间的看法。

时间对于不同的人有着不同的意义，时间对医生来说就是生命，对企业家来说意味着财富，而时间对你们来说意味着成长和进步。一分钟的时间能做许多许多的事情，它可以很长，也可以很短。可是我们很多时候却忽略了一分钟的价值。会有许许多多的一分钟就被同学们放过了。

（二）被拖延的时光

1.思考：你的生活中做过哪些浪费时间的事情？你在做这些事的时候

是不是把本来应该做的事情延后了呢？时光的两大板块：拖延和忽略。

2.小组讨论：生活中有哪些拖延的表现？通过拖延的表现总结拖延行为的特点。拖延是目前非常热门的研究话题，很多心理学家都在研究人们的拖延行为，拖延总体上有以下三个特点：拖沓、延迟的行为；结果与预期相差甚远；产生不良的情绪体验。

3.拖延吗？测一测就知道了。完成课堂活页中的拖延问卷，随后进行解释：0-4分没有拖延或者低拖延；5-11分中度拖延；12-15分重度拖延。

4.给拖延症会个诊：造成拖延的原因？怎样克服拖延？拖延的原因：内容乏味，缺少乐趣；缺乏时间管理；缺乏意志力；缺乏自信（自我效能感低）。减少拖延行为的方法：承认自己的拖延行为；调整自己的目标，将其细化；摆脱不良情绪；做好时间管理。拖延，就是缺乏对自我的管理，成功的人一定是具备时间观念的人，不要总把希望寄托在下一秒钟，必须坚决果断，想到的事情就要在第一时间付诸行动。

（三）被忽略的时光

在我们的生活中还有一类时间碎片，这些碎片的时长很短，可能是5分钟，也可能是10分钟，最长不超过30分钟，这些都称为零散时间。零散时间是特别容易被我们忽略的，想一想你的生活中有哪些时间是零散时间呢？头脑风暴：生活中的哪些时间被我们忽略了？教师总结：利用零散时间小秘籍，做有意义的事，坚持持之以恒。

（四）本节课总结

不论是学习还是生活，我们都有很多时光碎片，有的人会轻易地浪费这些时间，久而久之就会养成拖延、不爱惜时间的坏习惯；但是也有人会好好利用这些不起眼的小碎片，悄悄做好规划，在时光的积累中变得越来越强大。所以我们要珍惜自己的每一寸光阴，它们都是我们生命中不可忽视的财富。

四、探索心中的北极星

（一）一分钟联想

有关"工作"的一分钟联想，"我希望工作是……"请在一分钟之内尽可能多地写下你头脑中所联想到的任何短语。并且思考：你在工作中寻找的是什么？你判断工作"好""坏"的标准是什么？

（二）我的价值牌

组长给每个同学发放五张价值牌作为原始牌。每人打掉两张自己目前最不需要的价值牌。接着小组讨论：为什么要留下这三张牌？为什么要打掉那两张牌？你觉得现在的选择对自己未来生活有什么关系？需求体现在我们的生活中就成了我们的价值观，而需求则不断地激励我们去努力。当我们遇到矛盾或需要妥协放弃时，都会从价值观的角度去考虑，怎么取舍呢？这就需要对自己的价值观进行排序和澄清。

（三）价值观澄清

保持原有的三张价值牌作为底牌，小组成员依次摸一张，打一张。每次摸牌的时候既可以从别人打掉的牌中拿进一张，也可以从新牌中摸一张。最终留下三张你认为最终要的牌。如果你觉得你手中的牌没有自己觉得特别重要的，你可以申请一张空白牌，来复制别人手里的好牌，但手中最终留下3张牌。

小组讨论这个过程中，让你印象最深刻的是什么？你最终选择的价值牌，是否受到某些人、事的影响？请你预测一下，未来在你手上握到的你最重要的价值牌有可能发生变化吗？价值观会随着个人的生涯发展、社会环境以及人的需求的变化而变化的，当今多元社会中多种价值观的冲击，也会导致原有价值体系发生改变乃至混乱，因此价值观需要不断地被审视和澄清。

（四）总结

价值观具有激励作用，做出选择的时候一定会起到作用。学生在进行自我生涯规划时，一定要学会审视澄清自己的价值观和未来发展的关系。

五、诗歌分析

教师应向学生提供有效的学习支持，如做好问题设计，提供阅读策略指导，适时组织经验分享和成果交流活动；在学习过程中，相机进行指导点拨，组织并平等参与问题讨论，引导学生制订阅读计划，并要求阅读一定数量的经典文学作品；鼓励和引导学生自主组织举办诗歌朗诵会、读书报告会、话剧表演等活动，丰富学生的审美体验，创造更多展示交流学生作品的机会和平台，激发学生文学创作的成就感促进学生不断进步。

本单元所涉及的必备知识和关键能力：一是掌握"词"的基本知识，了解现代新诗的基本特点，了解本单元所涉及的现代诗人和他们的主要作品，有感情地诵读诗歌，并背诵和默写《沁园春·长沙》。二是引导学生准确抓取诗歌中的重点意象和丰富的诗歌语言，体会诗歌语言特色并感受意象中所寄托的情感。三是初步培养学生对诗歌的自我感悟、自主阅读以及诵读的能力，指导学生朗诵诗歌以及鉴赏诗歌的一般方法，鼓励学生多元解读诗歌，大胆表达观点，激发学生学习诗歌的兴趣。四是引导学生在品味诗歌过程中，感受诗歌的意象美、语言美、情感美。丰富对美的体验和情感的熏陶，提高自己的审美水平和个人修养。五是把握小说叙事和抒情的特点，学习从语言、形象、情感等不同角度欣赏作品。

新高一年级的学生对语文具有一定的热情。对诗歌中的意象有所的了解，对小说也有一定的兴趣。但对诗歌通过抓意象，抓富有表现力的词语体会情感，把握小说叙事和抒情的特点来鉴赏作品的方法上还不太清楚，有待进一步提高。对于通过学习，引发自己深入思考，并生成作品与大家交流探讨。有些学生还不太习惯，有所保留或羞于交流。在第一单元的教学中，在完成学习任务的同时，尽量抓住学生的兴趣点（比如青春诵读），激发学生学习的热情，让学生慢慢熟悉阅读与鉴赏，表达与交流，梳理与探究等语文学习活动，养成良好的学习习惯。

（一）《沁园春·长沙》第一课时

课下让学生预习《沁园春·长沙》，读准字音。自主查找资料了解本诗写作背景和词的相关知识。课上先检查预习作业，找同学大声朗诵这首词。播放朗诵视频，感知这首词的基调。再指名朗读，思考哪些地方需要重读？用笔画下来。接着小组内朗读，感受这是一首什么风格的词？感受到了诗人哪些方面的大气？然后自由的大声诵读，尝试着找一找诗歌中的意象。最后教师范读，感受氛围。

同时，让学生朗诵展示，进一步感受诗歌语言的魅力。之后齐读，让学生体会这首词炼字炼词的精妙之处。自主阅读埃德加·斯诺《毛泽东自传》了解毛泽东青年时期的革命经历，加深对这首词主旨的理解。背诵这首词。

（二）《沁园春·长沙》第二课时

课上先让学生齐读诗词，领略毛泽东以天下为己任的胸怀。在朗读的基础上，品味其中意象的活泼灵动，意境的丰盈深邃进而体会本诗的语言魅力。（体现《新课程标准》第四条增强形象思维能力这一课程目标。）

再评议不同诗歌中"秋"的内涵。思考作者笔下的秋景与杜甫《登高》有什么不同，为什么？（《课程标准》中关于必修课学习要求提道：阅读古今中外文学作品，注重审美体验，能够感受形象，品味语言，领悟作品的丰富内涵，体会其艺术表现力；努力探索作品中蕴含的民族心理和时代精神，了解人类丰富的社会生活和情感世界，增强民族文化自信。）

然后进行小组合作，感悟伟人的青春。结合诗歌创作的背景，感悟毛主席的青春，感悟：请同学们联系自身和现实谈谈当代"同学少年"们应该有怎样的大志和怎样的大局意识？应该如何去实现大志树立大局意识？（体现新《课程标准》课程目标的第五条发展逻辑思维，第三条语言梳理与整合。）以小组为单位进行讨论，理清思路，确立中心发言人。

（三）《立在地球边上放号》《红烛》《峨日朵雪峰之侧》《致云雀》第一课时

课下要预习《立在地球边上放号》，读准字音，并且自主查找资料了解本诗的作者和创作背景。课上要自由诵读，接着先播放朗诵视频，营造朗读氛围。再齐读，找出诗歌中的意象，并试用自己的语言描绘诗歌画面。再次指名朗诵诗歌，其他同学思考诗歌表达了诗人怎样的感情。

然后结合背景小组合作进一步理解诗歌内涵并且思考三个问题：诗歌为什么要描绘滚滚洪涛？"力的绘画，力的舞蹈，力的音乐，力的诗歌，力的韵律哟！"怎样理解这段话的深刻含义？根据以上分析谈谈你对诗歌主旨的理解。以小组为单位进行讨论，理清思路，确立中心发言人。

最后是通过探究感受新诗的特点。本首诗是《女神》中富有代表性的一首，《女神》是中国新诗的代表性作品，它以崭新的内容和形式表达了"五四"时期狂飙突进的时代精神，通过这首诗让学生感受新诗的特点，结合"五四"百年，理解这首诗的内涵和形式，并体会焕发的自由宏阔、雄奇奔放的气概（体现《新〈课程标准〉》课程目标的第二条语言表达与交流、第三条语言梳理与整合、第五条发展逻辑思维、第六条提升思维品质第十条传承中华文化。）

（四）《立在地球边上放号》《红烛》《峨日朵雪峰之侧》《致云雀》第二课时

课下要求预习《红烛》，读准字音。自主查找资料了解本诗的作者和创作背景。课上先指名朗读。思考问题：这首诗主要描写的意象是什么？特点是什么？

播放朗诵视频，营造朗读氛围。让学生齐读，初步感受这首诗的情感。再次指名朗诵诗歌，思考那一节对自己触动最深。然后小组合作探究，鉴赏文本。创设问题：这首诗将唐代诗人李商隐的一句诗"蜡炬成灰泪始干"作为引子，诗歌主体扣住了引子中的哪两个字写红烛？说一下理由？开头"红烛啊，这样红的烛"对全诗有什么作用？自读第二三节，先说红烛"一误再误"，后又写"不误不误"是不是矛盾？怎样理解"烧破世人的梦，烧沸世人的血——也救出他们的灵魂，也捣破他们的监狱！"
第五至第七节你认为写了"泪"的哪些内容？怎样理解"莫问收获，但问
耕耘"。

学会鉴赏诗歌的方法，学习鉴赏表现手法：比喻、拟人、象征、托物
言志的手法。进一步理解"蜡炬"的新内涵，这首诗化用"蜡炬"这一古
典意象，赋予它新的含义，赞美了红烛以"烧蜡成灰"来点亮世界的奉献
精神，结合预习作业（创作背景）体会青春的困惑和希望，以及对理想的
坚毅追求。（体现《课程标准》课程目标的第二条语言表达与交流、第三
条语言梳理与整合、第五条发展逻辑思维、第六条提升思维品质、第十条
传承中华文化。）要求学生课外阅读闻一多《死水》并进行思考，完成一
则评论札记。

（五）《立在地球边上放号》《红烛》《峨日朵雪峰之侧》《致云
雀》第三课时

让学生课下自主阅读《峨日朵雪峰之侧》和《致云雀》（体现《课程
标准》课程目标的第十条传承中华文化）。课上要求抓住意象，体会主
旨。找出诗歌中富有表现力的意象，体会诗歌的语言，理清诗歌的抒情脉
络，掌握诗歌中运用的表现手法。举办"我是朗读者"小型诗歌朗诵会。
并要求将这一单元的练笔集结成册。

六、现代新诗"四步教学法"初探

现代新诗是文学宝库中一颗璀璨的明珠，中国的新诗诞生于五四运动
前后，以白话作为基本语言手段，是相对于古典诗歌（包括诗、赋、词、

曲等）而言的诗歌概念。品鉴新诗能够给我们带来审美的愉悦，情操的培养，思想的启迪，一首优秀的现代新诗能够给我们真、善、美，可以教我们在审美愉悦中完成一种自我的精神超越。因此，现代新诗也成为了高中语文教学的重要组成部分。

在新一轮的高中课改中，语文课程服务于学生的全面发展和终身教育，其目的是提高学生的语文核心素养，包括语言建构与运用、思维发展与提升、审美鉴赏与创造、文化传承与理解。普通高中语文《课程标准》更是把文学作品教学推到了一个非常显赫的地位。文学作品的阅读教学成为高中阶段语文教学工作的重中之重，作为文学作品之一的现代新诗必然也要担负起培育学生语文核心素养的任务。

（一）高中现代新诗教学的现状

一方面，在文学作品阅读鉴赏教学中，现代诗歌成为最薄弱的环节；另一方面，在新课改的背景下，现代诗歌又成为中学语文教学的一个重点。高中语文新《课程标准》明确提出要通过现代诗歌教学来提高学生的人文关怀和审美素养。

长期以来，现代新诗在教学中被忽视。我们在教学中过分的追求分数，而忽略了对学生的个体体验和青春理想的人文关怀。在实际的教学中又过分强调语文的工具性和实用性，忽视了现代新诗在美育功能和性情陶冶中不可替代的作用，造成学生对现代新诗审美能力的弱化和退化。

教师发现学生对现代新诗缺乏应有的兴趣。大部分学生只是偶尔阅读一下现代新诗，还有不少学生表示自己从来都不会主动阅读现代新诗。一多半的学生有过现代新诗创作的体验，只有极少数的学生会经常写诗，从来不写的学生占了近一半。学生对现代新诗的学习方法单一，除了课堂上教师的讲解以外，基本就是处于自我摸索的状态，当他们在读诗遇到问题时，很少能获得帮助。

现行的教育制度以高考为重，现代新诗在高考中绝少出现，自然就被老师和学生忽略了。加之，在语文考试的作文中，部分命题还对诗歌体裁加以限制，人为地将现代新诗抛弃，即使部分的老师和学生对现代诗歌有着浓厚的兴趣，也只能是兴趣了。

此外，教师对现代诗歌的教学方式简单。我们一些教师对现代新诗根本没有进行深入的接触，在教学时没有自己的认识，也没有适宜的教学方式，习惯性地沿用教学参考书的思路，使用传统的解读方法，甚至是从网络上搜索现成的教案。

因为没有系统有效的教学方法，我们的教师在讲现代新诗时只是凭借自身的感悟和认识，有的直接忽略了重要的阅读过程，只重视对文本的解读；有的只重视现代诗歌作品本身，而忽略了作品的衍生文化；有的让学生了解作品表达的情景和意境，知道了使用的表达手法，就算完成教学任务。在教学的过程中极少有老师和学生完成了很好的互动，课外几乎没有以诗歌为主题进行的相关活动。

（二）现代新诗的"四步教学法"

《课程标准》指出，现代诗歌教学应该发挥重要作用，要求教师运用不同手段精心设计各种课型来激发学生青春的活力与激情。学校教师在现代新诗教学实践中摸索出了一套"四步教学法"，即知其人，览其文，诵其神，仿其痕。之前在一次区级教研活动中，教师公开展示了《再别康桥》的阅读教学，在教学实践中尝试了"四步教学法"。

1.知人论世——知其人。知人论世是指结合作者的生平和时代背景来理解作品，是学习诗歌的一种方法。孟子说："颂其诗，读其书，不知其人，可乎？"只有做到了"知其人"，即了解诗人所处的时代，了解他的为人和经历，才能更好地理解他们的作品。由此可见"知其人"也是现代新诗阅读教学中十分重要的环节，只有先知其人，才能更深刻、更透彻、更全面地了解作家的创作本意和思想情感。

教师执教《再别康桥》时，将"知其人"以预习作业的形式提前布置，并在课上进行展示。预习要有的放矢，任务就要明确且具体，因此要求学生从以下几个方面着手：了解徐志摩生活环境、了解徐志摩的生平经历、了解徐志摩的品性修养、了解《再别康桥》的创作背景、了解徐志摩的其他作品。

在正式上课之前若能"转轴拨弦三两声"，常常可以收到"未成曲调先有情"的效果。"知其人"是教师指导学生进行预习的一种很有效的方式，是实现现代新诗教学"主体先行"的关键环节。因为老师布置的预习任务明确具体，使得学生不再仅仅停留在口头流于形式，而是以书面的形式记录下完整的预习内容。课堂展示也会引起学生的重视，从而起到提高课堂效率的目的。

教师根据学生对诗人徐志摩了解的情况调控课堂教学，激发学生学习的兴趣和学习的自主性。教师能否创设良好的教学情境，调动学生学习的积极性，促进学生对知识的主动构建，是保证课堂教学的有效性的关键。学习兴趣是学生对学习活动和学习对象的一种力求趋近或认识的倾向，是推动学习的最有效的内部动力，只要能激发学生的学习兴趣和强烈的求知欲，现代新诗的教学就能走向高效。

2.披情入境——览其文。现代诗形式自由，意涵丰富，意象经营重于修辞运用，一般不拘泥于格式和韵律，它蕴藏着丰富的思想内涵，将中国语言文字的魅力展现得淋漓尽致。作者的思想感情往往隐藏在诗文的字里行间，唯有览其文才能抓住的暗流。

（1）品味现代新诗的语言。诗歌的魅力主要依靠语言表现出来，品味现代新诗，就是品味其语言的表现力。这就要求教师必须引导学生努力去理解诗歌语言中的准确、生动和形象，体会诗人在遣词造句上的妙处。徐志摩在《再别康桥》中排列了金柳、夕阳、软泥、青荇、康河、水草、潭、青草、星辉、夏虫等意象，运用了反复、比喻、拟人、顶真、象征等修辞手法。老师把分析修辞手法作为本节课的教学重点之一，结合近年高考大纲对修辞手法的要求，强调表述的规范和完整。如分析"那河畔的金柳，是夕阳中的新娘……"的修辞手法。规范的表述为：使用了"比喻"的修辞手法，把"金柳"比做"新娘"，生动形象地写出了柳树婀娜的姿态，表达了作者的不舍之情。

（2）揣摩现代诗的意境。诗歌的意境包括"意"和"境"两个方面。"意"即"志"，也就是诗中表达的思想感情。"境"即形象，也就是诗中描绘的具体景物和生活画面。学习现代新诗，最终的目的就是引导学生感悟诗歌的意境，进而发展其阅读能力。感悟现代新诗的意境时，可以通过推敲语言、琢磨构思等，来认识诗中所创造的形象的意义及审美价值。推敲语言要善于抓住"诗眼"，即关键的词语，了解其丰富的含义，不仅了解字面上的意义，还要了解字里的内在含义，即所谓的"言外之意"。在琢磨诗的构思上，要了解诗人凭借什么事物或表现手法来抒发自己的情感，表达自己的理想、愿望。执教《再别康桥》，要善于透过现象看到本质，通过仔细揣摩诗中具体可感的意象，启发学生结合个人体验，用个性化的语言去描述那一幅幅流动的画面，进而感受飘渺清婉的意境之美。

（3）体会现代诗的情感。现代新诗往往是借景抒情、借物抒情。在教学过程中，通过运用先进的教学手段或其他方法，创设一定的情景，让学生亲临其境，亲见其人，亲闻其声，以激起学生的学习情绪。如通过创造诗歌教学的课堂气氛或展示诗歌的直观形象和画面，启发学生进行联想和想象，或者运用生动的语言描述诗歌的内容等，引导学生进入情境，即进入作者所描绘的景色或描写的事物当中，去体会作者所要表达的情感。执教《再别康桥》时，老师利用多媒体技术，播放短片，展示了康桥的风景，并配以音效，激发学生的感悟联想，体会徐志摩对康桥的热爱、对往昔生活的憧憬，以及眼前无可奈何的离愁。

3.琅琅琤琤——诵其神。书读百遍，其义自见。朗读是一种眼、口、耳、心同时运用的综合学习活动，是对课文字、词、句等表层意思和文本主题等深层意蕴、潜在情味的全面感知，是在实践中增强语感领悟文本的过程。朗读有利于发展智力，获得思想熏陶，朗读有助于情感的传递，激发听者的兴趣，引发情感共鸣。在语文教学中，应让琅琅书声飘漾课堂内外。诵其神就是通过反复诵读，达到"熟读成诵"的地步，帮助学生体会到其中的奥妙所在，在诗歌的思想感情和遣词用句方面，达到一种"只可意会，不可言传"的境界，于无形中提高学生的阅读理解能力。

学生要有对诗歌的情感体验，才能读懂其意思，进而读出诗歌的味道。范读是影响学生学习现代新诗的关键，老师参与读书也是影响课堂教学效果的关键，有时甚至需要通过反复范读来指导学生。老师是一个朗诵爱好者，很多课文都是亲自范读。这一次为了产生"先声夺人"的效果，还特意将"轻轻的"做了音强渐弱的处理，融情于声，创设了富有感染力的语感氛围，能让学生感受到朗读的魅力，收到良好教学效果。

朗读时要讲究技巧，从而读出诗的内涵，读出诗中蕴藏的情感，读出诗的艺术境界，因此，朗读应该贯穿现代新诗教学始终。在上课时，整体感知诗歌内容，先让学生默读，稍做准备，再来朗读；在分析作者情感和修辞手法之后，再巩固朗读。这样一来，对学生体会"徐志摩对康桥的热爱、对往昔生活的憧憬，以及眼前无可奈何的离愁"很有帮助。学生在朗读过程中仔细揣摩作者的感情，并通过朗读的轻重缓急和声调的抑扬顿挫表达出来。教师要注意引导学生掌握好声音的高低和速度的快慢，重音应该适当增强其音量，自然有力，恰到好处，既要鼓励学生具有个性化的再创造，又不要拖腔拉调，矫揉造作。

4.学以致用——仿其痕。叶圣陶先生说过："阅读是吸收，作文是倾吐，倾吐能否合乎于法度，显然与吸收有密切的联系。"这句话点出了阅读与作文两者之间的关系，阅读是作文的基础，作文是阅读的外化形式。只有把阅读教学与作文教学相结合，才能使我们的语文课堂有较高的实效。那在现代新诗教学过程当中，我们应该如何找准切入点实现读写结合，提高学生写作能力呢？老师的策略是仿写。

"仿写"是近几年高考的热点，是高考语文能力考查中的一种重要题型，而且具有相当的生命力。由于此种试题要求考生针对提供的新语境仿造句式，进行创造性发挥，思维力度大，符合当今培养创新思维的方向，所以倍受社会的关注和称赞。

另外，老师同意"学习要从模仿开始"的观点。关于艺术的起源，本就有"模仿"一说，毕加索也说过："伟大的艺术来源于模仿。"再则，写作需要扎实的功底，如果不具备叙述、描写等能力，那么文章便会言不及意，空洞无物，七零八落。因此，作文能力的提高首先必须有较扎实的作文基础知识，如良好的驾驭文字能力，多样的谋篇布局方法，合理的文章结构构想，巧妙的写作手法运用等。而要较快较好地掌握这些技能，模仿不失为一种好办法。张志公先生曾经讲过："不仅初入学的孩子爱模仿，中学生、学生以至工作的成年人，也在有意无意之间模仿自己认为好的事物。"教师更应该鼓励学生模仿作文，想方设法为其提供模仿的范文，指导模仿的方法。

现代新诗的语言精致，意象新颖，形式自由，正好可以作为范文供学生模仿。在执教《再别康桥》时，教师设计了一个仿写训练，要求学生在二三四五节中任选其一，作为"模板"描绘校园中的某一处。那一天刚好下了雨，于是就有学生模仿：那榆荫下的一潭，不是清泉，是天上虹。揉碎在浮藻间，沉淀着彩虹似的梦。而写出了：那球场上的一汪，不是秋雨，是玉液琼浆。若有人不小心路过，会醉上一整个秋凉。

（三）课后反思

本节课是教师对"四步教学法"的大胆尝试，整体的教学设想是以诵读为主线，通过诵读和赏析充分感受诗歌的优美意境。教师希望在课堂上学生能够美美地读、美美地说、美美地听，只有"美读"才能"美品"。

诗歌这种文学体裁分析得过细只能导致意境的支离破碎，以致丧失诗歌的美感，为了避免这一情况，教师在"览其文"的环节先是让学生自己谈对诗歌不同的感受，紧扣《再别康桥》这首诗"离别"的主题；然后选择了"修辞手法"作为教学重点，规范答题的表述。

这堂课上很多不爱发言的学生也举起了手，因为他们有话要说。教师高兴地听到那些让始料不及的让人兴奋的理解，比如"做新娘是女子一生中最漂亮最亮丽的时刻"，如"志摩只能安静地在心中放歌"……课堂从容进行，感动源源滋生，仿佛看到康河的明媚映照着整个教室，感受到那种自由的芬芳，仿佛有风，夹杂花香。学生也许缺少的并不是发现，而是需要一个发现的舞台、一双期待的眼睛和一对聆听的耳朵。教师一定要有耐心和包容心，给予学生这样一个自由成长的舞台，让课堂上万物竞相生长。

高中阶段是学生人生观、价值观、世界观形成的重要阶段，也是人格和能力形成的最关键的一个时期。学校帮助学生顺利渡过这一门槛，与学生一起描摹出未来的蓝图，具有重要意义。

第四节
基于有生命力教育的生涯规划生涯升学探索

新一轮高考制度改革是通过高中阶段育人模式的改革来推动学校育人能力的提升和招生模式的优化。因此，基于有生命力教育的生涯规划生涯升学探索，是在研究目前高中阶段生涯教育的基础上，分析了当前以升学衔接为导向的生涯教育。

上世纪70年代以来，西方国家都非常重视高中阶段的生涯教育，甚至把中学阶段的生涯教育放在了核心地位。我国从上世纪90年代开始生涯教育。因此，易造成学生专业与职业兴趣匹配错位、生涯发展目标不明确、学习动力不足、生涯规划意识不强等现象。究其根本，是因为对普通高中职业生涯教育不够重视，普通高中职业生涯规划教育方式单调。因此，对高中生开展适合其心理发展特点的生涯教育，使职业角色与个体需要、兴趣、技能等逐渐匹配，帮助学生树立生涯发展意识，明确生涯发展的非线性、复杂性特征，提升学生生涯辨识、规划和管理的能力，为学生自我价值实现做好准备。

因此，高中阶段就应该积极探索生涯规划教育，组建生涯规划专业师资队伍，开设相应的生涯教育课程，组织学生开展社会实践、职业体验等。

一、以改革为契机，优化高中阶段生涯规划教育

生涯教育应是可持续性的系统工程，其中学生向成人转变时期的高中阶段是个体世界观、人生观、价值观逐渐形成的初级阶段。受多种因素的影响，职业规划和人生目标也会因此呈现多变无序的状态。另外，缺少生涯发展意识和缺乏学校以外的职场信息等也会影响学生世界观、人生观和价值观的形成。因此，学术界、教育主管部门和学校应当着眼于此阶段的生涯教育研究，不仅要适应社会发展，也要满足学生的个体需求，因地制宜地进行课程设计、教师培训、生涯辅导等方面的改革。

此外，应从现有的教育模式入手，结合影响生涯规划的多种要素，分析高中到大学升学衔接中生涯规划教育的断层问题，从而优化高中阶段生涯规划教育。从升学衔接的视角，整合高中生涯规划教育需求与困境。新高考改革把人才培养作为高中教育的重点，要求学生悦纳自我，结合自身特点选择学校和专业，从而不断完善自我。因此，如何结合实际情况设置科学合理的教育模式，成为目前教学改革的关键问题。教育主管部门和学校应深入教师、学生和家长，调查了解目前高中阶段生涯规划教育的实际需求和存在的困境，并制定出适应当前新高考体制下符合人才培养和发展的具体措施，更好地为大学生涯教育做准备。

基于背景行动理论，研究高中生涯规划教育改革方案。近年来，职业生涯研究中出现了一个新的理论，即背景行动理论。它以行动理论为背景，强调以行动建构知识与意义，将人类职业行动作为研究对象，将职业生涯从时间维度分成多个目标一致的行动，把职业发展过程看作行动、计

划、目标连续发展的动态过程，这对于高中生涯规划教育改革有一定的指导价值。因此，可以以职业行动为基本单位，围绕行动的角度、行动组织的水平和职业行动的系统三个维度构建高中生涯规划教育理论框架。同时，以高考改革为契机，建立一个长期动态的生涯教育发展 规划。

二、开展学生自评自测，科学设置生涯教育课程

学校不仅引导学生认识长处和缺陷，寻找适合自己发展的领域，而且引导学生看到自己的发展性，鼓励他们完善自己，培养适宜发展的人格特质。塘沽十三中在探索生涯测评方面经历了两年多艰苦的摸索和大胆的实践，逐步形成了具有学校特色的工作方式，主要包括以下三个阶段。

第一阶段：从2012级高二年级时，学校主要采用复制生涯规划专著中相关章节介绍的方法途径、测试量表等，印发给学生，利用班会课、社团课等时间阅读、讨论、测评。如根据吴志兰老师的《中学生生涯规划》介绍的自我探究、同学互评、家长参与等方法，先后进行气质类型、兴趣类型等探索。一个周期坚持下来，确实能起到认识自我、唤醒生涯意识的作用。但是这种方式存在着耗时长、测评不系统、精力易分散、容易遗忘、适用范围小、难以形成完整的报告、易形成误区等缺点。

第二阶段：2012级高三年级时，在紧张的高考复习之余，学生们在讨论将来选择专业、大学等问题时，普遍感到迷茫，因而带来学习动机不强、时间管理意识和能力差等问题。有个别学生来咨询选择大学专业时，学校结合自身经验，建议他们到教育部考试中心网站做"升学指导测验——专业选择测试"，并得出完整的测验报告。之后让学生、家长认真阅读测验报告，并结合自身经验来思考报告的准确性，进而决定是否以此为选择专业的参考。在这一过程中，通过系统浏览该网站上的相关信息，特别是文章《选择适合的工作，先选择适合的专业——测验理论基础：职业生涯规划理念》一文，意识到利用计算机辅助的测评系统可以极大提高"测验的实施、计分与解释"效率，可以大量施测并立即得到测验结果，能高效地协助学生指导工作，把我们从繁重而琐碎的工作项目中解脱出来。

第三阶段：迎来2015级高一新生后，又开始为他们寻找适合的网络测试平台。得缘于11月参加生涯规划师培训期间的真诚沟通，学校获得了东北师范大学青少年生涯发展研究中心开发的生涯网的自我测评系统的试用权，成为该网站全国第五所，天津市第一所也是唯一一所试点校。

做好学生测评，完善和加深学生对自己的认知，有利于高中生在学习生活中更好地制定自己的人生规划，也有利于他们在进入大学的时候选择更加适合自己的专业。学生测评是职业生涯教育中很重要的一环，只有让他们清楚的认知自己是谁，才能做好职业规划与准备，为升入大学，走向职场奠定基石。

三、做好师资培训，为学生升学提供专业的指导

师资培训已经点燃了塘沽十三中探索生涯规划教育的热情，教师们自主研修，勇敢地进行探索。

这些教师是升学顺利开展的重要因素，教师水平的提高意味着更加专业的生涯培训与指导，他们能为学生提供更加合适的生涯规划课。升学教育的探索根本还是生涯教育课程的开展，而这些课程的开展又依托着教师的教学水平，因此做好教师培训，提升教师生涯教育水平，在塘沽十三中的生涯教育中占有至关重要的地位。

第八章
基于有生命力教育的
生涯规划的研究效果

　　学生通过学校组织的各种教育教学和社会实践活动，不断地去思考，积极地去探索，对自己的生涯越来越重视，这也是对自己愈加负责的表现；学校在新课改实施过程中，通过大力推广生涯教育，扎实做好学生生涯规划指导，不仅有效地提升了学生自我生涯规划的意识和能力，而且也增强了学生成长的发展动力，使学校有生命力教育的内涵得到了升华、理念得到了落实。有生命力教育的办学特色也越来越成为塘沽十三中的核心价值取向，引领学校不断地提升办学品质、办学质量、优质特色发展。

第一节
助推学校优质特色发展

在新一轮高中课改中，学校清楚地认识到新课改是学校向更高层次发展的重要契机，要牢牢抓住新课改这个契机，使之成为将学校发展推向新高峰的强大助力。学校努力将有生命力的教育和生涯规划教育紧密结合在一起，让办学特色更加鲜明，让生涯规划教育更有质量、更有实效，助推学校整体优质发展。

一、学校生涯教育实效性的体现

2017级学生经过学校三年的学习生活，生涯探索总体水平明显高于刚入学时。这与学校的教育是分不开的，学校在学生高一年级时开设了生涯规划校本必修课，帮助学生系统地学习生涯规划的方法。同时还开展了一系列的生涯探索类的实践活动，帮助学生进行切身的体验，从生活中发现自我、认识自我、探索自我。高中生的生涯成熟度不同：有的有生涯意识，有的没有；有的有清晰目标，有的只有模糊方向；有的在切实行动，有的还只是心怀愿景。这种个体差异，导致单一形式的生涯教育校本课程难以调和学生的不同需求，这就需要必修课程与选修课程相结合，班级授课与个别辅导相结合，课堂教学与实践活动相结合。

（一）建立专业化、职业化师资队伍和统筹协调机构

有效开展高中生职业生涯规划教育的关键是要有一支专业化、职业化的师资队伍，他们必须具备职业生涯规划的理论基础，了解所指导学生的专业和职业方向，熟悉学生，掌握就业政策。这支队伍应相对稳定，应努力提高对学生生涯规划的指导水平。

（二）构建全方位、全程化的职业生涯规划教育体系

学生职业生涯规划教育要贯穿学生学习的全过程，在不同的年级、不同阶段、不同专业构建系统、科学、可操作的职业生涯规划教育体系。

第一，由学校组织培养自己的师资队伍，将学生职业生涯规划教育纳入学校教学体系，贯穿学生从入学到毕业的整个培养过程。不断加强课程建设，通过改进教学方法，改革教学内容，建立各类精品示范课程，为职业生涯规划与发展教育提供立体式服务。第二，借助网络技术，将学生职业生涯规划教育由传统的书面教材转化为网络学习平台。第三，针对某个特殊群体的学生，由学校组织相关教师或者邀请行内知名专家，组织专题讲座或单个咨询活动，解除学生的困惑，从而使得共性和个性问题都得到解决。第四，开展职业训练和实践活动，强化职业生涯规划教育的效果。通过实战，让学生更清楚地认识自我，从而为下一步的学习和发展指明方向。

学生职业生涯目标的实现需要实践载体，学校是实践载体的第一构建者。建立具有职业导向性和层次性的实践载体和相配套的培训机制，帮助

学生选择正确的社会实践，在实践中掌握一定的社会知识，培养职业道德，巩固职业技能。通过实践锻炼，使学生反省自身的不足，及时调整、建构合理的知识和能力结构，为学生今后的职场生涯奠定良好的基础。

（三）有效整合优质资源

学校以学生职业生涯规划为载体和平台，发挥学校、社会、家庭的协同教育功能，充分调动各方面的积极性。构建学生、学校、家庭、社会"四位一体"的育人模式，加强学生职业生涯规划教育实效性。学校主要开发和利用以下资源：加强与用人单位的联系，定期走访、交流，了解人才需求，征求对人才培养的建议；聘请业内专家、职业成功人士和杰出校友进校园，通过专题讲座、座谈交流、案例分析、现身说法等，使学生了解更多的职业发展趋势和就业、择业技巧等方面的知识，使自己的职业生涯更加贴近社会、贴近实际；加强与学生家长的沟通与交流，充分调动家长的积极性，发挥家庭教育的功能，通过个性化咨询与辅导，提高学生职业生涯规划的针对性；充分利用校外实习基地，通过职业体验、实践，增加学生职业经历，提高他们的实践能力和社会适应能力。

（四）组织职业生涯规划比赛

职业生涯规划比赛能促使学生对自己的主客观条件进行测定、分析、总结，对自己的兴趣、爱好、能力、特点 进行综合分析与权衡，根据自己的职业倾向，确定自己最佳的职业奋斗目标，并为实现这一目标做出行之有效的安排。学校积极利用这一有效形式，广泛宣传，争取让更多的学生参与到定期组织的职业生涯规划比赛中。在比赛过程中组织专业、公开、公正的评审组织，并将优秀的作品及时公布，让更多的学生能够不断地学习，不断完善自己的职业生涯规划。

二、学生对生涯教育的重视程度逐渐提升

学生从刚入学，对生涯探索一无所知，升入高三已经能明确自己的生涯发展方向，这是一个质的飞跃。通过问卷，学生生涯探索结果的确定性从高一年级的低于平均水平，提升至后测时的高于平均水平，这也意味着学校以"有生命力教育"为特色的生涯教育在学生成长的过程中发挥了显著的作用。学生对理想职位重要性的认识一直处于较高水平，有80%的学生认为确定适合自己的大学、非常重要或重要；75.4%的学生认为确定适合自己的专业很重要；67.5%确定适合自己的学科非常重要。

三、学校生涯教育在选科指导中的作用

学校生涯教育在塘沽十三中大致分为专项课程、测试测评和学校提供的其他选科参考因素。测试问卷的21题中，有50.5%的学生较多思考过自己的个人基本情况及兴趣、能力、气质、性格与专业的匹配；23题中，有55%的学生较多思考过自己的学习状况、高考与职业选择的影响；25题中涉及是否思考过自己的行为对未来职业规划的影响，较多思考的学生占80.3%。

这些数据说明，为学生提供专业的兴趣、能力等测试，以及提供与其性格、能力、兴趣匹配度高的选科指导，在学生的自主选择中发挥了一定程度的作用。但同时，这一作用并不是影响学生选科选考的唯一因素。根据塘沽十三中所做的一项关于生涯规划的调查中，我们看到，有65.5%的

学生认为在选考科目时考虑所在学校的优势劣势科目教重要或非常重要；还有61.4%的学生认为考虑本校全体学生的选考分布情况比较重要。这一调查结果说明，学校的资源是影响学生选科选考的一项主要的因素。

新高考改革需要高中阶段的教育跟得上时代发展的脚步，走得踏实。什么样的教育能够满足学生的发展需求，什么样的学生能够决胜社会的竞争，今天的努力如何成为明天发展的起点，怎样把学生不同生命阶段的发展有效贯穿起来？所有这些难题，是塘沽十三中一直努力思考的问题，是开展生涯规划教育的原因，也是源源不断的动力。多年来，塘沽十三中不断进取，引领一批批学生认识自我，开启有规划的人生，多方探索和实践取得了显著的效果。

第二节
助推教师专业成长

教师是立教之本，兴教之源。教师是办好学校教育最宝贵的财富，是教育质量最重要的保证，教师是随学校成长而共同成长的。在实施基于有生命力教育的生涯规划教育实践过程中，教师们自觉努力学习，深入探索，不断完善自己，不断提高自身的专业水准，承担起学生健康成长的指导者和引路人，锻造出一支师德高尚、爱岗敬业、能力高超的师资队伍。

一、教师队伍多层次、多种类的校本培训成为有生命力教育的助推器

师资队伍的水平决定教育教学的质量，校本培训是提高教师业务能力的重要手段。塘沽十三中已经形成以"创设环境，储备人才，分层培养，逐级优化"为特色的校本培训。

针对青年教师，通过师徒结对、教学基本功比赛、亮相课、培训讲座、青年教师论坛等活动，极大地促进了青年教师的专业发展。3名教师荣获滨海新区青年教师教学基本功大赛一二等奖，5名教师成为天津市农村"265"千名骨干教师。

　　针对骨干教师，充分发挥骨干教师的专业优势，坚持由骨干教师引领课题研究，同时，组建以校领导和骨干教师为主的"课堂教学督导团"，对全校教师的教学进行督导和带动，通过定期的骨干教师示范课、青年教师达标课及课堂教学评价等活动，使骨干教师不仅在科研引领和教学督导中充分发挥作用，而且促进了骨干教师自身的可持续成长。

　　学校遵循"有生命力教育"的办学特色，坚持科学发展观，研发使用了结合校情的《教师自我发展成长记录》，以促进全体教师更好地进行个人职业规划，提升教师自我发展的内动力。学校根据教师规划设计中的普遍需求，聘请专家进行理念报告、科研方法、课堂教学有效性等方面的讲座，向有关刊物推荐教师论文，提供对外交流学访的机会，帮助教师实现规划中的目标，收获成长后的幸福。学校还通过每年一次的全校规模的教学研讨会、多种形式的课题推动会、为全体教师购书进行理论学习交流等活动，调动教师教学教研的积极性，有效地促进教师的专业发展。

二、师德建设是做好有生命力教育的保障

　　在师资队伍建设中，学校注重发挥党员教师的模范带头作用，把学校特色建设同党性实践结合起来，不断深化"党员责任区"活动，开展多种形式的师德师风教育及活动，制定了《师德师风建设方案》，全体教职工签订了《师德师风责任书》。学校先后被授予天津市市级文明单位、天津市普教系统民主管理先进单位、天津市中小学"学雷锋，树美德，做新人"优秀集体、滨海新区塘沽区教育工作优秀单位、滨海新区书香校园、滨海新区德育工作先进集体等荣誉称号，并有多位教师分别被评为市级优

秀教师、塘沽区优秀教师标兵、塘沽区拔尖人才、塘沽区优秀中青年知识
分子。

学校克服各种困难，下大力气为教师课堂教学水平的提升搭建学习、
交流、展示的平台。学校与语言文字报刊社合作，成为中国教育学会
"十二五"教育科研规划课题《随笔化写作理论与实践研究》的实验学
校；与人民教育出版社合作，承担数字化校园的实验课题研究。与本市多
所高中校结成协议校，实现学校管理、教师培训的良好交流，以促进教师
发展、学校发展，提升学校办学知名度。

为了更好地推进课堂教学改革的进行，探究更适合学生学习的课堂教
学模式，在已有的"学习小组"班级管理操作的基础上，学校派出部分教
师赴山东昌乐一中、昌乐二中进行学访。学访的效果无疑是震撼性的，因
为程宁老师在学访归来转天的课堂上就主动应用了"学习小组"的教学模
式，学访的成果正在被越来越多的教师整合，成为提高课堂教学的有力
抓手。

多年来，学校涌现出一大批肯钻研、勇创新、显实效的优秀教师，他
们立足于教育教学实际，特别是面对高中新课改，不畏困难，勇于实践，
收获了国家级、市区级做课、说课、微课等课堂教学大赛殊荣，收获了课
题研究、论文获奖发表等各级各类教育优秀的科研成果，也收获了各级各
类教师基本功大赛一二三等奖的诸项殊荣。

自2011年至今，学校保持着良好的发展态势，百姓口碑、社会声誉不
断提升，学校的教育教学展现出蓬勃的生命力，学校、教师、学生都在这
里迸发出生命成长的无限可能。

　　基于有生命力教育的生涯规划实践研究，推动了学校新课程改革的进程，夯实了学校生涯规划教育理念的落实，建构了学校有生命力教育办学特色基础上的生涯规划教育课程体系，实现了学生认识自我、规划自我、发展自我的育人目标，最重要的，在课题研究的过程中，铸就了一支具有较高素质的研究型的教师队伍。

　　面对新课改的各种要求，在研究实践中，学校下大力气加强教师培训，前后组织二十余次与本课题研究相关的教师培训。目前，已有十余人完成正规的生涯规划中级培训，有多名学科教师承担生涯规划课教学，一人被天津师范大学聘为学生职业生涯规划指导师。学校成立以课题组成员为负责人的学校名师工作室，就学生发展指导做进一步的研究和实践。全体课题组成员在学校管理、教育教学实践中，努力转变传统观念，解放思想，超前谋划，更新管理理念，优化教育教学行为，并在研究实践中形成先进的教育理念。

　　课题的研究实践，有力地助推了学校的教学质量、办学品质的提升，学校荣获天津市市级文明校园、天津市教育系统思想政治工作先进单位、滨海新区教学质量进步学校等多项市区级荣誉，并被中国管理科学研究院学生发展指导研究中心授予生涯教育示范学校，课题负责人被邀请担任中国管理科学研究院素质教育研究所特约研究员。

　　研究实践过程中，教师的科研能力、理论水平与专业素养也得以提高，特别是一些青年教师，教育教学观念有了很大的变化，在课堂教学改革的实践中，勇于探索、大胆创新，教师的教科研意识、能力也有了明显的提升，多名教师撰写、发表了大量有新意、有价值的论文，多名教师参与全国各地举办的教学模式展示、同课异构、课堂教学交流等活动，并在各级各类教学大赛中荣获佳绩，1人荣获天津市第六届基础教育教学成果二等奖，1人在天津市中小学第九届"双优课"大赛中获二等奖。

学生呈现出蓬勃的发展态势，教师在研究中得以茁壮成长，学校的办学效益日渐提高。新高考改革的大潮里，真正的赢家是了解自己、善于规划自己的学生。未来的职场里，需要的是优势突出的人才。正是基于这样一种教育情怀，学校坚持让学生一路探索，不断前行，实践着让不同人成为更不同的人，让每个学生凭优势和特长为幸福奠基的真正教育。

第三节
助推区域生涯教育的发展

　　教育应该为人的终身幸福奠基，如何奠基？塘沽十三中的答案是：让学生学会自我规划。生涯教育就是要改变教育与现实生活以及工作相脱节的状况，消除学校教育与职业世界之间的鸿沟，激发学生的学习动机，让每个学生都能认真思考"我要成为一个什么样的人"这个问题。生涯教育能够促进学生发展，了解自己的需要、能力、兴趣、性格和价值观等特质，提升学生的选择能力为核心的生涯规划能力，提高学生的专业和职业认同感。同时，生涯教育能够帮助学生在充分认知自己、专业和教育信息的基础上，建立起自己和世界、未来的关联，明确对自己而言"学什么、为什么要学、如何学"的问题。此外，生涯教育能够帮助学生充分认识当今社会发展的特点与需要，积极探索自己的成长道路，在学业中获得切实的成就感和认同感，从而改善升学和就业的状况，以适应未来社会的要求。

　　结合新课改实践，基于有生命力教育的生涯规划实践课题组以多种方式分享研究成果，对天津市及兄弟省市的生涯教育发展起到了积极的助推和辐射引领作用。

课题负责人于2017年3月撰写的《关于高中新课改中加强学生生涯规划指导的建议》，作为天津市政协提案，提交天津市政协第十三届五次会议。天津市教委高度重视，以"对政协第十三届五次会议第0418号提案的答复"的方式，对本提案进行了详细全面的答复。该提案对天津市高中新课改中加强学生生涯规划指导方面的工作起到了积极的助推作用。

课题组成员、支教教师在援甘扶贫工作中，对甘肃省张家川回族自治县教师作了题为"普通高中生涯规划教育经验分享""高中生生涯规划"专题讲座，新的理念、新的实践，引领了当地生涯教育的发展，起到了很好的示范辐射作用。同时，《天津教育报》多次报道课题组的生涯教育实践活动，并发表了多篇文章。

职业生涯规划教育能够考虑到学生的未来发展，并从基础教育阶段起开始培养学生的职业意识，引导学生根据自己的个性特长结合社会实际需求，科学且合理地规划自己的职业人生，体现出学校教育真正关注学生本体的内质。职业生涯规划教育为学生与社会架构起了一座职业的桥梁，让学生明确职业生涯规划中的基本问题——认识自我、认识职业特点、认识如何实现职业理想，也培养了学生的自信，更能给予学生未来之需。职业生涯规划教育能够提升学生对于自己人生规划的能力，帮助他们对未来做好理论上的准备。

高中阶段是生涯探索期，而且处于探索的前期阶段，更确切地说是"试探期"。高中生的职业规划课程不同于其他任何阶段的职业生涯课程，不是要高中生作职业或专业选择，而是尽早认清自我，了解社会从业现实和各种生涯角色，避免选择时的茫然无措，并作试探性的尝试和必要的准备。因此，学校的任务除了学业上的支持，最重要的是还要提供专门的生涯发展教育来增进学生个体对自己的认知，加深他们对生活、职业世界和社会的了解，当他们对自我认识愈清晰、对生涯觉察程度愈深时，其生涯发展能力也会跟着提升。

通过基于有生命力教育的生涯规划实践课题的研究，塘沽十三中生涯教育意识、生涯教育能力以及教育科研能力都得到了很大提升，提升了教师的专业成长水平，也更加促进了学校的特色发展，实现了课题研究引领学校教师发展，课题研究促进学校教师发展的工作目标，为推动高中新课改的顺利实施提供了有利的理论和实践保障。

第四节

基于有生命力教育的生涯规划未来发展与展望

"教育要面向未来。"基于有生命力教育的生涯规划是指向未来的教育，对学生一生的成长具有至关重要的意义。塘沽十三中积极应对高中生生涯规划教育存在的问题，寻找解决问题的方法，在促进学生全面发展和终身发展，形成健全的人格，树立正确的人生理想和价值信念，逐步增强社会意识、社会理解和社会责任感，认识个人与社会、学业与发展、当下与未来的关系上，做出了积极的探索和大胆的实践，对高中生生涯规划教育的开展和推进提供了丰富的实践经验和宝贵的理论研究素材，具有重要的理论和现实意义。

一、提高生涯规划教育的认识，推动学校高品质建设

在发达国家，学生对生涯规划教育并不陌生，许多学校在高中阶段就为学生进行职业规划辅导。我国中学开始生涯规划教育的时间并不晚，但相对国外来说，我国的高中生生涯规划教育仍显薄弱，很多学校、家长、学生不仅对此不甚了解和关注，而且还带有一定的偏见，对认为高中学生进行生涯规划教育为时尚早。为解决新形势下高中生在考学时面临的种种困惑，社会各界应转变观念，提高对高中生生涯规划教育的认识。

第一，教师在高中生生涯规划教育中起着关键作用，所以教师必须加强对生涯规划教育的认识了解，为学生提供全面充足的信息，帮助学生做出正确的选择。

第二，家长对孩子的世界观、人生观、价值观都有着深刻的影响，家长的职业生涯教育观念直接影响着孩子的观念。因此，家长应多与学生沟通交流，对孩子的生涯规划教育要多加重视，不能陷入"唯分数论"的误区。同时，家长对孩子的生涯规划教育要张弛有度，鼓励孩子了解发现自己的喜好，培养孩子独立思考的能力，支持孩子的想法，并给出合理的建议，做好孩子成长的引路人。

第三，作为生涯规划教育的主体，学生要对自己的喜好、能力特长、性格气质有清晰的认知和评估，不能盲目跟风和随波逐流，要有正确的生涯规划意识。同时，学生也要有能力判断出自己是否适合某一领域和专业，不能仅凭兴趣就一意孤行。在充分了解自己后，要根据自己的专业方向、职业倾向以及自身能力制订出详细的计划，同时根据社会环境、经济发展的变化不断调整生涯规划，最终身体力行地践行。

二、开发校内、校外资源，促进学生生涯成长

高中生生涯规划教育是一个有机整体，不是片面的、单一的、浅显的。需要社会各界联合起来，校内、校外共同发挥作用，给予学生系统的、综合的、全面的生涯规划教育。

首先，高中生生涯规划教育不是一蹴而就的，很多学生到大学才接触到生涯规划教育，发现自己所学专业与自己的兴趣不符，后悔莫及但为时已晚。因此，高中生生涯规划教育应从小学就开始一直延续到高中的整个基础教育阶段，从小就培养学生生涯规划的意识，让学生有充足的时间来发现自己的爱好、兴趣、特长。高中阶段，学生的兴趣已经基本确定，应帮助学生树立自己的人生理想，以及如何选择高考科目、了解大学专业。学校加强专业技能，利用各高校公众号发布院校专业信息等，帮助学生了解所学专业对应的职业以及毕业后的出路。

其次，充分利用校内资源，开展生涯规划教学活动和实践活动。学校结合国家政策、就业市场的变化、新高考制度以及学生真正的需求开设高中生生涯规划教育课程，教学内容不能仅限于课本知识，要重视学生的实践活动和社会体验，并对高中的不同阶段安排不同的教学内容，注重因材施教，针对不同的学生，具体问题具体分析，做好个体生涯指导。同时，学校应引进专业的生涯规划教育教师，对现有的心理健康教育教师和班主任进行专业培训，并定期举行生涯规划教育研讨会，通过交流，提高教师的教学水平和积极性，从而不断提高生涯规划教师队伍的专业水平。

最后，深入挖掘校外资源，建立多方合作的生涯规划辅导机制。学校加大经费投入，加强与校外企业单位的联系，建立实践基地，开展体验式生涯规划活动，让学生有机会深入了解职业以及职业所需的技能，感受职业氛围，对职业有深刻的了解。

三、为学生生涯规划教育提供实施保障

新高考制度为考生提供了更多自由发展的机会，需要高中生生涯规划教育及时补位，以满足学生的需求，为学生未来的发展提供帮助。但是，学生生涯规划教育还有许多不足，在实施过程中依然存在许多问题，为确保其正常发挥作用，要对学生生涯规划教育提供实施保障。

首先，国家应制定相关法律法规，加大对学生生涯规划教育的财政支持，提供必要的人力、物力支持，为校企合作开展学生生涯规划教育提供帮助。

其次，应成立专门的学生生涯规划教育管理部门。学生生涯规划教育的顺利开展，需要有行政部门的保障。如果仅依靠家长、教师的力量，学生生涯规划教育难以取得大规模的胜利，无法实现整体推动。早在1987年美国就成立了国家职业信息协调委员会，负责指导全国的学生生涯规划教育。该机构可从整体上指导学校开展学生生涯规划教育，有效协调校内外资源，并出台相应的行动策略。

再次，应建立学生生涯规划教育的专门机构。面对新高考，各学校要设立生涯规划教育专门机构，才能整合多种资源，找准定位，打破僵局，使生涯规划教育真正发挥作用。

最后，政府应完善生涯规划教育的法律法规。发达国家早就颁布了生涯规划教育的相关法规，而我国现阶段还没有一部真正可以保障生涯规划教育实施的法律法规。在如今新高考改革的背景下，社会各界对学生生涯规划教育不重视，高学生生涯规划教育无法得到真正落实，这就需要政府

相关部门要完善相关法律法规，使学生生涯规划教育有法可依、有章可循。

认清高中阶段职业生涯的定位是实现有效推进的基础。职业生涯教育不是职业定向教育，而是一种持续的过程，是一种统整的教育理念，通过生涯认知、生涯探索、生涯准备等方面，培养学生的生涯能力。以发挥学生的潜能与天赋为出发点，重点在于人的全部生涯上，让个体可以在自己的成长过程中逐步实现自我引导能力，让每一个学生过上适合自己特点的生活。生涯规划教育是生涯发展的教育，帮助学生由无意识的生涯发展转变为自觉主动的发展，由非理性的生涯发展转变为理性的发展，同时培养学生的生涯发展技能、幸福的技能。

身处迅速发展的教育新时代，不断深化教育教学改革，办好人民满意的教育，塘沽十三中任重道远。行走在高质量的办学之路上，学校将继续在"基于有生命力教育的生涯规划"办学思想的引领下，全力以赴，紧跟时代步伐，深化教育改革，立足高品质定位，放眼未来发展，上下一心，砥砺前行，努力实现学校发展规划的蓝图目标，不断书写塘沽十三中的辉煌篇章。

在各级领导和各方专家的支持帮助下，本书即将付梓。本书记载了天津市滨海新区塘沽第十三中学在进行有生命力教育的生涯规划教育做出的辛勤努力和走过的艰辛路径。包括学校深入思考形成的独特办学理念、浸透汗水的实践活动和收获，以及全体师生集智聚力、奋斗拼搏、开拓创新的扎实足迹。学校的生涯教育的点滴收获是所有教师、学生、家长以及社会各方共同努力的结果，是在各方人士的支持领导和鼓励下取得的。

学校通过各种教育活动、课程设置、课堂改革、教学探索、机制构建等途径，坚定实现塑造生命、塑造新人的重大使命，落实有生命力教育的办学特色、办学理念。通过举办"一典礼、两节、四会"等活动，及召开全体教师会、学生会、家长会等各种会议，广泛深入地宣讲"有生命力教育"，使大家对学校的办学特色和办学理念的理解和认同感不断增强，也得到了社会、家长对学校办学特色、办学理念的广泛共鸣和强大支持。有生命力教育正逐步成为学校核心价值理念，在全体师生中产生强大的办学凝聚力、感召力，越来越深地融合到学校文化的各个方面，成为学校宝贵的精神财富，发挥出巨大的正能量。

在探索与改革的实践中，塘沽十三中教师的教育教学能力、学校的教育质量有了显著提升。自2011年至今，塘沽十三中保持着良好的发展态势，办学质量不断跃进，社会声誉进一步提升。学校立足有生命力教育的办学特色，构建实施的生涯规划教育，不仅构建形成了具有学校特色的生涯教育课程体系和管理体系，而且拓展、丰富了学校生命力教育的内涵，让学校有生命力教育的特色更加凸显，成为学校高质量、有特色的发展的强大动力。如今，塘沽十三中已启动了基于有生命力教育的生涯教育的2.0版本，进一步积极探索学生发展指导模式、研究学生发展指导策略，为学生的发展服务，为教育综合改革深入推进贡献力量。

纵观《绘出生命的彩虹——基于有生命力教育的生涯规划实践探索》一书，一方面是为了记录学校在进行有生命力教育的生涯规划教育做出的不懈努力；另一方面这些努力只是代表了昨天的奋斗拼搏的经历，是为以后的教育教学工作留下可供研究的范本，让学校在更高的起点上腾飞。塘沽十三中关注学生成长、教师培养，与学生多元化的学业选择整合在一起，助力每一个高中生打开多元与个性之门，将学校有生命力教育理念深深融入生涯教育规划实践之中。

"学校教育的变革是从日常的课堂教学实践开始的。"不断改进完善教育教学方式，让更多充满活力的新元素进入课堂，鼓励学生个体的自由发展，释放孩子的天性，成长为充满生命活力的人，打造有生命力的教育生态，做有生命力的教育，完成好为党为国育人育才的重大使命，为国家教育大计做出更大的贡献，始终是全体塘沽十三中人心中熊熊燃烧的教育执念。

鉴于我们认识水平和编写水平的局限，书里可能存在一些错误与疏漏，恳请大家不吝赐教，以待今后修正完善。

编　者

2020年8月